這份問卷是哈佛醫學院的研究人員（Thomas Perls，M.D. and Margery Hutter Silver，Ed.D.）在研究了一百五十位百齡以上的人瑞後，考量了各項影響老化及長壽的因素而設計的，藉此推估出一個人的壽命歲數。其原因大致如下：

1 吸菸等於吸入有毒物，會直接影響基因，加速老化過程，以及引發癌症與其他疾病。

2 燒焦的食物會改變食物本質（蛋白質和氨基酸），使其變成讓正常 DNA 改變結構的媒介。

3、4 高脂肪的食物，特別是高蛋白質＋高脂肪的飲食習慣，會提高罹患各種癌症（乳癌、子宮癌、攝護腺癌、直腸癌、胰臟癌和腎臟癌）的機率，而多吃蔬菜水果能降低罹患心臟相關疾病和癌症的機率。

5、6 飲酒過量會造成肝臟及其他內臟疾病，加速老化；少量飲酒則能減低罹患心臟相關疾病的機率。

7 空氣污染可能引發癌症，以及與肺部相關的疾病，會加速老化。

8 過量飲用咖啡容易造成胃潰瘍和長期發炎，進而增加罹患心臟疾病的機率；大部分的茶都含有抗氧化成分，可減緩老化過程。

9 每天吃 81mg 的阿斯匹靈，會減低罹患心臟相關疾病的機率。

10 研究顯示，慢性牙周疾病會讓細菌進入血液中，導致心臟相關疾病。

分數計算方式：

1. 把所有分數加總（包括正、負數）後除以 5。
2. 男性請將以上演算所得結果加上 84，女性則請加上 88。
3. 結果就是你的預估壽命。

11 每隔 20 小時至少排便一次，將減低罹患直腸癌的機率。

12 過去若是有中風或心臟病發，再次發作的機率也較高。

13 陽光中的紫外線會直接改變正常基因（DNA）構造，加速皺紋形成，以及增加罹患皮膚癌的機率。

14 體重過重會增加罹患各種癌症、心臟相關疾病，以及糖尿病的機率。超過標準重量越多，罹患重大疾病及死亡的機率越高。

15、16 大多時候，與家人住得近，可排除生活中的壓力，管理壓力的資源也相對增加。一旦壓力降低，也就等於減低了罹患各項重大疾病的可能性。

17、18 遺傳基因對預期壽命有直接影響。

19 運動，特別是有氧運動，有助於減緩體內細胞氧化。氧化是造成老化的重要因素。

20 維他命 E 是有效的抗氧化劑，研究顯示可減緩阿茲海默症的進展，而硒可預防某些癌症，含高量硒的食物包括巴西果、鮪魚及鱈魚等。

30開始
打造亮麗熟年

陳永儀博士◎著　　劉華◎編撰

Contents 目錄

身體篇

你對自己、父母和其他家人的身體了解多少呢？
就算先天基因不良，還是可以靠後天正確的保健習慣來扭轉！

心理篇

你覺得自己快樂嗎？你的父母和其他家人呢？
心理健康與老化密切相關，我們需要正確對待自己，
活得更幸福！

社會篇

你對老人的印象，
不只左右你對周遭老年人表現出的態度與行為，
更會反映出當你老了以後對自己的看法。

只有健康，一切才有意義

中央大學認知神經科學研究所所長　洪蘭

　　最近一位孝子抱著母親上醫院求醫的照片上了報紙，引起很多同事討論，大家在讚美孝子之餘，不免想到自己也會老，到時，誰來抱我上醫院？的確，台灣已經進入了老人社會，在這個二十一世紀小家庭的時代，老人只能自求多福，不病不痛就不必求人。因此近年來，有關健康的書如雨後春筍般冒出，只是大部分的書都是文抄公，人云亦云，新的訊息很少。但是這本書不一樣，作者陳永儀博士是臨床心理學家，在西點軍校和紐約的大學都教過書，自己也開過業，有實務和理論的經驗。尤其她為人豪爽，做事不拖泥帶水，反映到她寫的書上，只能用一個詞來形容，就是「乾淨俐落」，沒有贅字，沒有重複，每一章看完都覺得很有收穫。

　　例如她說很多老人家其實沒有病痛，只是寂寞，情緒不

好，因為重聽。這使我想起以前一個鄰居的孩子，功課一直不好，直到有一天他們學校來參觀我的實驗室，正好那時實驗室買了一部聽力儀，我就請他示範給同學看，想不到一測試之下，才發現他重聽，難怪他功課不好，因為他根本聽不清楚老師在講什麼。中文是個不能讀唇的語言，因為我們是四聲的語言（tonal language），而四聲無法顯現在嘴型上，「媽、麻、馬、罵」的嘴型是一樣的，「鍋子」和「果子」的嘴型也一樣，但是聲調不同，意思完全不同。現在青少年ipod都開得震天價響，令人擔心他以後的聽力。

書中對精神病方面的描述也非常中肯，現在因為找到了精神疾病的原因（大腦），已不像過去那樣被人歧視，但是人們還是很忌諱求醫。本書對不敢去看醫生的人是一大福音，其實只要知道有人跟我一樣，自己不是唯一的，就會安心很多。

憂鬱症、阿茲海默症、巴金森症和失智症是目前耗費社會成本最高的四種慢性疾病，書中每個章節都有個小測驗，讀者可以自己做一做。其實人不必太過憂煩，人生不滿百，何必常懷千歲憂？兒孫自有兒孫福，莫為兒孫作馬牛。顧好自己的健康最重

要，不拖累孩子就是愛孩子了。

我出國時，我父親在松山機場對我說：「人生不可能什麼都有，在作選擇時，記住健康、家庭、事業，這順序不可顛倒，不然白忙一生。」我父親一向不多話，所以雖然當時我不是很懂，也不敢問，只是牢記在心。一晃四十年過去了，我現在深切體會父親說次序不可顛倒的意義了，沒有健康，人生真的是白忙一場。

人跟動物不同，人在精神上的快樂遠大於物質上的享受，老伴、老友、老本是年輕時就要去經營的。這本書應該放在床頭，心情不好、想不開時，拿起來看看，就會高高興興穿上鞋子，出門去運動了，因為書中告訴你，只有健康，一切才有意義。

為自己和家人
打造亮麗的熟年

陳永儀

　　一提到老年，許多人的第一反應就是搖頭晃腦，唉聲嘆氣。或許你還沒老，但你的其他家人可能已經老了，而你想像中的老年大概是體弱多病、寂寞、淒涼又悲哀；不過，這其實太杞人憂天了，而且你絕對不會希望自己或家人未來變成這樣子。事實上，等到真正邁進老年，只表示已走過了人生的一大段，沒有意外的話，我們從此不再需要為考試打拚，也不用煩惱工作。種種研究都顯示，老年人的快樂指數要比年輕人來得高！老年才是真正進入人生的黃金時代，老年人可以是最快樂的族群，活到老並不孤單，人人都可以為自己和家人預約一個美好的老年。前提是我們有正確的知識，這也是本書想和大家分享的。

年齡的增長並不等於老化

你今年幾歲？你感覺像幾歲？

年齡，有「生理年齡」（biological age）與「實際年齡」（chronological age）的分別。生理年齡是你身體內各個系統、細胞的年齡（老化程度）；實際年齡則是你的歲數。生理年齡並不一定相等於你的實際年齡。一個八十歲的人可以有五十歲的身體；一個四十歲的人也可能會有九十歲的身體。

老化不是病，而是身體上的一種變化和狀態。我的病人裡，有很多因為「第一次」的變化而感到非常沮喪和哀傷。隨著年齡的增長，身體上會產生不同的變化，而心理上常常沒辦法接受；例如，第一次要染白頭髮、戴老花眼鏡、開始更年期、晚上睡不好、健忘的事增加等。一個看起來還不算老的太太，曾很氣憤地對我說：「那天我和朋友去餐廳吃自助餐，結帳人員居然對著我說，老年人可享半價優待。」她發誓再也不去那家餐廳了！

老化或許是不可避免，老化的速度卻是可以自己控制和扭轉的！

老化的速度，以及抵抗疾病的能力，皆可經由生活中所做的各樣選擇來決定。如百歲小測驗所顯示的，飲食、活動和交友等習慣，都會為健康帶來正面或負面影響。值得慶幸的是，不管你過去的生活習慣如何，從現在開始，我們每一個人都可以做一些改變，來扭轉（不只是減緩）老化的過程。這些改變，可以將目前預期壽命延長三五％之多。無論你今年幾歲，從今天起養成一個好習慣，若能持續三年，所產生的作用，會如同你一輩子都保持著這個有益健康的習慣一樣。例如，假使你從來沒有快步走的習慣，但決定從今天開始，持續經常快走；三年後，身體對其正面的反應，會像你從很年輕時就開始經常快走的習慣一樣。更令人驚訝的是，當你開始改變習慣時（減少壞習慣，增加好習慣），只要持續短短三個月，就會對健康開始有顯著影響，進而達到延長壽命的功效了。

後天的影響大過基因的決定性

基因固然重要，卻只是老化過程的部分決定因素。不好的基因就像彈藥庫，後天的生活習慣和保養是彈藥庫的環境，若能

把大環境照顧得很好，不讓火燭、高溫靠近彈藥庫，就不會爆炸。其實，就算基因良好，沒有彈藥庫，也不代表就不會爆炸。若長期暴露於大量輻射線之下，或攝取大量致癌物，破壞了身體的組織，仍會導致疾病的產生。因此，環境對身體的影響，遠比基因要來得大！基因不好，可以靠後天扭轉；環境不好，卻不能因基因優良而抵消。

事實上，老化的速度，大約只有五○％是決定自遺傳，另外的五○％是在你的掌控之中。我們每一個人都可以從今天開始做一些改變，來增進健康，延年益壽。

假如一個人有某種癌症的遺傳基因（彈藥庫，五○％），但他很小心地遠離任何致癌物（火燭，五○％），他就不會得這種癌症。那麼，到底要有多少的致癌物才會觸發癌症？這也取決於基因和後天的生活方式。最近的一些研究結果甚至指出，後天因素對壽命的影響占有八○％之多，先天基因的影響僅占二○％。

常聽人說，某人從十幾歲就開始抽菸，還不是活到八十幾歲！不知這位某人有無癌症遺傳基因？也許他的身體剛好要有很

多的致癌物才會讓他發病。而另外一個根本沒抽過菸的人，卻得了肺癌，這是因為他可能只要少量致癌物就足以導致發病。

　　不論我們的基因如何，保持健康，遠離疾病最好的方式，就是養成好習慣。畢竟，活得健康與否，有一半以上是操之於自己呀！相信大多數人會同意，注重保健的目的，並不僅是為了長壽，而是活得有品質和健康。除了疾病的預防，更重要的是加強身、心的修復功能。人，不可能活在沒有悲傷或身體不曾虛弱的世界裡，當我們生病、受傷或難過時，有足夠的資源來修復、治癒自己是很重要的。接下來，讓我們進一步了解，如何從現在起，在身體、心理與社會各個層面增進健康，扭轉老化過程，打造亮麗的熟年。

喜樂伴隨年歲與日俱增

劉華

　　最近美國有幾項長期研究同時顯示：老年人，相對於青、少、中年人，是最快樂的族群！根據這些研究數據，每成長（老）十年，我們能達到快樂境界的可能性就增加了五％左右。這些研究結果與一般大眾想像的老年：灰暗、孤獨、多病，成了強烈對比。事實上，老年是可以活得健康、快樂，與繽紛亮麗的。

　　一九〇〇年代，美國六十五歲以上的人口約占四％，一個世紀多後的今天，這個百分比升至約一三％。預計到二〇二六年，八十歲以上的會占總人口約二〇％（八千萬人）。這趨勢不僅是發生在美國，截至二〇一一年十月，台灣六十五歲以上的人口也已超過兩百五十一萬，占總人口的比例為一〇‧八％，而到二〇一七年將超過一四％，邁入「高齡社會」；二〇二五年更將超過二〇％，達到「超高齡社會」，代表每五人中就有一名老人。

　　讓人驚訝的是，台灣老化以「三級跳」的速度快速提升，

其他國家約花五十年從高齡化（老年人口占七％）進入超高齡社會（二〇％），而台灣只花了一半的時間，成為全世界老得最快的國家。這對社會與經濟將產生重大影響，會有更多的人開始急速經歷老化的過程。發展如此迅速的一股趨勢，政府及你做好準備了嗎？

本書作者陳永儀博士常回台灣，關心她生長在這塊土地上的人，因此留意到台北榮總與台大醫院等，已有了老年科門診，但多數人並不知曉老年醫科是一般內科的「專科」，有關如何照顧與面對老化的過程，我們在身體及心理上的所知有限。基於這份愛心、美意和需要，作者費了頗多精力和時間，親訪紐約州各知名專科醫生，加上她本人所學的健康與臨床心理專業，與其他醫生合作，多方蒐集會診的經驗及案例，將老化過程中常見的身心症狀及問題、可以扭轉或減緩老化過程的保健方式，以及一般疾病的預防與治療，作基本的介紹。全書把專業知識以趣味、簡單的方式轉述為普通常識，以饗在這方面有需求的讀者。

隨著時鐘的滴答聲，我們會逐漸茁壯和衰退。人——有限的智慧和能力，無法讓我們長生不老。但是，由於醫藥和科技的

發展與普及，人們追求健康和保健的知識也越來越豐富，人的壽命亦越來越延長。活著，已不再是人的基本目的，而是怎麼活得健康、快樂，並且不輕易成為家人與社會的負擔，這是我們刻不容緩所應追求的知識。正確認識「老化」過程，以及治療相關疾病，當隨之調整為必要了。

陳永儀是我的小女兒。在孩子幼小時，為了他們的教養與更多的了解，我特走訪美國名兒童心理學家吳慶宜女士，並且與她合作撰寫了一本《了解我》，當時在中國時報連載，受到廣大讀者的喜愛，成為最暢銷書籍，歷久不衰，是國內唯一一本由國人自己編著的兒童心理書籍。

轉眼之間，當初封面上的小女孩也長成了現今美國的健康心理學家。為了日漸衰退的父母，她接觸了不少與「老」有關的知識、書籍和醫生，確實讓我們獲益良多！於是，在我的鼓勵和要求下，永儀犧牲她許多門診和休息時間，與我合作撰寫此書。若是能帶給讀者一點幫助和益處，不僅是我個人的心願，也是神的祝福，願 神祝福這本書，也祝福每位讀者。

I. 身體篇

你對自己、父母和其他家人的身體了解多少呢？

就算先天基因不良，還是可以靠後天正確的保健習慣來扭轉！

你聽得見嗎？

　　一天，接到史蒂夫電話，他很擔心上了年紀的父親得了憂鬱症，因為他父親近來不太愛講話，常一個人悶坐在房間裡，不像以前喜愛與家人聊天、互動，現在的情形顯然很不同。聯繫後，我安排了時間做家庭評估與治療。

　　史蒂夫和太太、父親，帶著七歲的女兒，一家三代浩浩蕩蕩到了我的診所。這樣一來，不僅讓他父親有出來走走的機會，同時也能讓一家人在不同的環境中，於中立的第三者前坦白溝通。

　　談話中得知，原來史蒂夫的爸爸這幾年來經歷了一連串的轉變。先是從工作了近四十年的單位退休；接著，老伴受不了與退休後的他朝夕相處，獨自飛到德州女兒家幫忙帶孫子去了。兒子因不放心父親一個人住，堅持父親搬來與媳婦和孫女們同住。

不是憂鬱症，而是聽不見

　　從心理角度來看，這位爸爸必須去適應種種非他所能選擇的新生活方式，一時無法接受各種改變，當然就可能反應在他的日常生活行為中。不過史蒂夫能細心觀察到父親行為上與以前不同的地方，很值得嘉獎。

　　在照顧年紀大的人時，注意他們在生活、行為上突然的改變是很重要的。這些改變常是第一時間的警訊。協談時，我注意這位爸爸的眼神、與家人互動和交談時的面部表情、肢體語言等，以及當他回答我的問題時，的確像有憂鬱症的影子，但卻很難肯定其確實的存在。

　　直到有一天，我在研究另一個會診案子時，忽然有一個靈感，想到要將史蒂夫的爸爸介紹到耳鼻喉科同事的門診諮詢。經過醫生仔細檢查後，果然發現史蒂夫的爸爸有「**感音神經性聽力損失**」。

聽｜力｜小｜測｜驗

　　找一位幫手，站在距離你約一公尺處。將你的眼睛閉上約兩分鐘，請你的幫手在這兩分鐘內的任何時間，用悄悄話的音量說一句話。等兩分鐘到時，你再睜開眼睛，重複幫手剛說的那句悄悄話，看看是否正確？

　　為什麼說一句話只需幾秒鐘，卻有兩分鐘的限制呢？

　　因為重點在於，不讓你預先知道幫手會在何時說這句悄悄話。這樣一來，才能排除其他干擾，而獲得正確的結果。

　　你的幫手可以講任何句子，例如：「我真受不了你！糟老頭！」、「以後請你吃完飯自己去洗碗！」、「我想離婚啦！」等。不過，要小心，測試的結果若是聽力良好的話……講這些話的後果就得自己負責囉！但同時也恭喜你！目前聽覺良好。

　　但如果你無法重複幫手所說的悄悄話，表示你的聽力已顯示出受損的早期症狀。

一般人認為，聽力減退或「重聽」，只不過會造成生活上些微的不便，卻不知道聽力退化，是影響生活品質的重要因素之一，也會間接影響到身體的健康。當聽不到別人說話時，自然而然就不想講話，因為沒有了參與感，更不用說那種無法跟上談話內容，不知如何反應的尷尬局面了。長久下來，當然會造成孤獨、寂寞和憂鬱的症狀。

　　再者，因聽力減退而造成的這些症狀，將會在你的生理年齡上，增加四年之多！

提供資訊，幫助醫生做判斷

　　人的本性驅使我們常以先入為主的觀念來做決定。

　　當你認定一個人很笨時，無論他怎麼做，你都覺得不對；同樣的，在專業上往往也有先入為主的觀念，像是心臟科醫生可能看每個人都有點心臟問題，而外科醫生傾向用開刀解決病痛等。

　　有個流傳於心理醫生之間的笑話，我亦以此警惕：

　　一個病人來看心理醫生，說他壓力很大，造成偏頭痛。

經過一段時間治療後，病人告訴心理醫生他進步很多：心情變好了，與女友的關係也改善了，生活較以前更有目標。但是，頭痛的症狀好像並沒有多大改善。再經過一段時間的診療、檢查與諮詢，最後卻發現這位病人有顆沒補的蛀牙，已經都蛀到神經了！

因此，我特別重視和珍惜與其他科醫生之間的會診。在問診的過程中，我也常提醒自己不要鑽牛角尖，應將病人的「全人」，包括他的生活環境都考慮在內，排除其他可能性後，再專注於自己的專業。同樣的，當我們去看醫生時，亦需了解先入為主的影響，要盡量幫助醫生問診，告訴醫生所有可能與目前症狀相關的資訊。醫生的判斷，大多來自於你所提供的資料。後面將會更詳細討論，以及建議你看醫生時該注意的事項。

感音神經性聽力損失

這是與老化相關的聽力退化中最常見的。六十五到七十五歲的人，約二〇％有此症狀，而七十五歲以上的人，

更是近一半都有感音神經性聽力喪失。所造成的原因，主要是長期接觸大音量。

我們之所以能聽到聲音，是因為音波震動耳膜，再經由其他器官傳到內耳中的耳窩。耳窩的形狀像蝸牛，裏面有細小的毛髮，會將聲波傳達到大腦進行分析。若長期暴露於高分貝的聲音下，會造成這些細小毛髮永久損壞，而失去傳達聲音的功能。在老化過程中，負責高頻率（高音）的毛髮會比負責低頻率（低音）的毛髮先受影響，容易損壞。因此，聽力損失，不像是把電視的音量由大聲調到小聲一般，會高、低音所有頻率一起下降，而是感覺聽到的聲音時有時

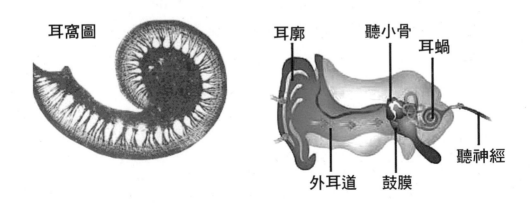

耳窩圖

耳廓　　聽小骨　耳蝸

外耳道　　鼓膜

聽神經

無，忽高忽低。因為低音可以聽到，但高音就聽不太到。剛開始時，可能會有困難分辨ㄅ和ㄆ或ㄉ和ㄊ的聲音。

許多男士們，在得知自己有聽力損失這訊息時，像天降喜訊般，認為終於有理由可以聽不到太太高頻率的聲音了！希望這不至於成為男士們的藉口，而是讓女士們能了解，要比以前更有同情心，先生並不是假裝聽不見，故意不洗碗，或不做家事……可能……他們是真的聽不到了呢。

那麼，到底是怎麼樣不得了的聲音，會讓內耳中的毛髮永久損壞呢？其實，不是什麼多恐怖的聲音，而是一些我們日常生活中常聽的聲音。

這些易損的內耳毛髮，只要持續接觸到八十五分貝的音量八小時，或一百分貝的音量一小時，就會開始損壞。拿目前深受一般人喜愛的iPod舉例，當音量到達七〇％時，就有約九十分貝。如果你用耳塞式耳機，音量還可高達一百分貝。專家測試iPod後發現，其最高音量可達一百二十分貝，幾乎相當於噴射機起飛時的音量。法國政府就規定，所有隨身聽的音量不得超過一百分貝。目前蘋果公司的產品，如

iPod、iPod Nano等，都有可下載的軟體，提供設定產品最高音量限制，但仍由使用者自行選擇，是否要設這樣的限制保護聽力。

在學校的電梯裏，我經常聽到學生們耳機裏傳出來的音樂，大概全電梯的人都能聽得到，就會忍不住拍拍他們的肩膀，指指耳朵，搖搖頭……或許他們還不知道音量過大的後果，以及對他們將來所產生的影響吧！最近甚至有學生告訴我，他們所下載的軟體，並不是限制音量，而是使其音量能超過原廠設定，那可是超過一百分貝的聲音啊！

以下是一些我們常聽到聲音其所產生的分貝數，提供參考：

聲音	分貝數	聲音	分貝數
震破耳膜	160	噴射機引擎（30公尺外）	130
汽車喇叭	110	吹風機	100
吸塵器	80	一般交談	60
冰箱充電時	40	悄悄話	30
手表滴答聲	20		

一般來說，耳窩內毛髮的損壞程度，取決於音量，與持續暴露在此音量下的時間。若暴露於高分貝的音量下，只要短短時間，就會造成毛髮損傷；相對的，暴露於較低分貝的音量下，就算時間較久，也不一定會造成傷害。美國聯邦職業安全及健康管理局規定，以上班時間八小時為準，工作環境中的音量必須在九十分貝以下；不然就需要帶保護耳朵的設備（如耳塞）。以下是美國聯邦職業安全及健康管理局所設的規範，在不同分貝數下，所允許持續聽這些分貝音量的上限：

每日容許音量暴露時間（以小時為單位）	分貝數
8	90
6	92
4	95
3	97
2	100
1.5	102
1	105
0.5	110
≦0.25	115

有些研究顯示，如果工作環境中的噪音，大到需要常常提高自己說話的音量，才能與別人溝通的話，心臟病發的機率，會比別人要高五〇％。因此，如果你的工作場所常有高分貝的噪音，更要注意回家後的環境，不能繼續有噪音干擾。可能的話，盡量選擇較安靜的居住環境，像是較高的樓層，或加強隔音設備。

1. 舉手之勞──把耳朵摀住

　　紐約市的地鐵，歷史悠久，因此系統設備有些老舊。地鐵運作造成的噪音，大約是90到100分貝。若在等地鐵時聽音樂（使用耳機，或直接播放），對聽力的影響則更大。然而，一般住在紐約市的人，通稱紐約客，總是酷酷的樣子，若舉手投足看起來像是觀光客，就不能融入這個大城市。如果是你，聽到地鐵呼嘯而來，噪音大到無法忍受，直覺想要用手摀住耳朵，但看看四周，卻無人有任何反應……你會選擇舉起手來，把耳朵摀住，還是你會若無其事讓自己看起來像個「本地人」？

　　或許是念心理學的關係，我常愛練習去抗拒別人對我的預期和社會壓力。在紐約生活多年，每當在地鐵裡覺得聲音大時，我還是會用手摀住耳朵，保護自己，並不在乎別人的眼光。不知道是否因為如此，幾年前FBI（聯邦調查局）招募我時，在一項非常徹底

的聽力檢查後，竟然發現我的聽力測驗成績是他們紐約辦公室近十年來最高的一個！

為了你的健康，不要不好意思在需要時用耳塞或手保護你的聽覺神經，以維護你的聽力。

2. 使用隔音耳機

如果你預期會長時間處於較高分貝音量的環境中，也可以考慮使用隔音耳機。

例如坐飛機時，一般飛機座艙內的噪音，大約在75至80分貝。長途飛行下來，暴露在此音量下的時間，可以高達十幾個小時之久。任何耳機，因為有隔離作用，都可以幫助降低約15至20的分貝數，但隔音耳機，除了基本隔離作用外，還會抵消外來聲音（主要是抵消低頻率聲波），可以將外來聲音再減低20分貝左右，達到近六○％的消噪效果。

除了保護耳朵外，在旅途中使用隔音耳機，也有減低疲勞的作用。因為長期接觸低分貝音量，會造成疲勞現象。目前並沒有任何研究報告，顯示隔音耳機對

健康有負面影響。

3. 清除耳垢

耳垢的形成是自然現象，並且具有防止外物入侵耳朵的保護功能。但是，若未定時清除，可能會阻礙聽力及壓迫神經。當耳垢阻礙耳道時，就像耳塞的功能一般，會影響聽力，而耳垢若變大、變硬，還有可能會壓迫到耳內神經，造成耳痛，以及其他相關神經的影響，如喉嚨癢和咳嗽等。耳垢的問題不是每個人都有，通常等到有相關症狀時再檢查也不遲。

你可以小心使用棉花棒清理外耳，不要太深入。也可以到耳鼻喉科醫師處做定期的耳垢清除，由專業醫師為你提供正確的服務。

4. 飲食保健

含葉酸（folate）的食物有助於保持聽力。

通常綠色的蔬菜含有高單位的葉酸。也可以直接吃葉酸補給品，一天最好不要超過800微克

（microgram，mcg），外面買的葉酸補給品（folic acid）是從維他命B群合成而製的。合成的產品，需要經過身體的轉換後才能使用，因此我們建議，在可能的情況下，最好還是直接由食物中攝取葉酸最為有益。自然食物中含有高單位葉酸的包括：菠菜、豇豆、蘿蔔葉、蠶豆、牛肝和蘆筍。這些大都要稍微煮過後再吃，比生吃較好。

要注意的是，葉酸要與維他命B_{12}一起食用（一天大約2.5微克）。含高單位維他命B_{12}的食物有牛肝、蛤蜊、鱒魚和鮭魚等。若是有貧血的讀者，請勿自行服用葉酸補充品，一定要先徵詢醫師指示。

■ 照顧長者的注意事項

1. 改善溝通方式

　　要有耐心，去習慣與聽力減退的長輩溝通，並且提醒自己，他們自己更難適應這樣的變化。不要預期對方仍該像以前一般有所反應。

★ 講話時盡量面對對方，讓他們可以看見你的嘴型和面部表情；不要以手或其他東西擋住嘴巴。當聽力減退時，我們會漸漸倚賴借用其他感官來幫助溝通，特別是眼睛。

★ 如果對方平常使用眼鏡，不妨讓他們先戴上眼鏡再開口，這樣較容易看見你面部的表情。

★ 確認光線足夠。

★ 講話前先叫對方一聲，以得到注意力。

★ 不要用吼的。吼叫會扭曲唇形，對方會更不容易聽懂你在說什麼，也會讓人感覺是在生氣。

★ 減少雜音，如電視和音樂等。

2. 清除耳垢

如先前所述，要注意耳垢形成的可能。

3. 助聽器的購買與使用

必要時，選一個好的助聽器，不要怕麻煩。首先，去找耳鼻喉科醫師做徹底的聽力檢查，聽力減退的原因有許多種，並非每一種都可以用助聽器解決。助聽器的作用就像是擴音器，但如果耳朵本身接收的音質就很模糊，再怎麼放大音量，聲音還是模糊的。

想找到一個適合的助聽器，要有耐心。貴不一定好；便宜也不見得壞，完全是看個人感覺。最好是能有三到六個月試用期的產品，有恆心地嘗試使用，至少一個月。若效果不好，得有耐心繼續去試其他不同型號的。許多人買了助聽器卻不愛用，理由很多，像是雜音太大（因為雜音也會被助聽器擴大）、戴起來不舒服，或是覺得並不需要。我們建議，如果看了專業醫生後，決定嘗試使用助聽器，就要持續試用兩個

月；而且要每天都戴，不管自己覺得需不需要。等到兩個月後，再來評估是否有效，要不要繼續使用。通常，數位型的助聽器比較能有效過濾雜音或減低回音，但也比較貴。

擦亮你的靈魂之窗

　　這天，七十三歲的姚平又拎著大包小包來到張醫師家。一頭整齊的銀髮，神采奕奕，身材幾乎和年輕時一樣挺拔，一點也沒駝背。回想當年在軍中，姚平以四十五歲的年齡晉升到陸軍准將的官階，在平均年齡五十一歲的同儕中，令人刮目相看。那時，小他十幾歲的張醫生才是個上尉眼科住院醫師，在一次例行的健康檢查中，張醫生注意到姚平的視網膜血管異常。張醫生不顧姚平的質疑與兩人官階上的懸殊，不勝其煩地堅持要求姚平到心臟科回診，因此才診斷出姚平患有遺傳性高血壓。從那時起，姚平開始藉著飲食、運動，與生活習慣的改變來控制血壓，直到年紀更大後才加入藥物的治療。兩人認識至今近三十年了！當初張醫生只是一名小眼科醫生，現在已經是姚平無話不談的好友了。

視｜力｜小｜測｜驗

　　照平常的閱讀距離看下頁圖示（圖一）。用手遮住一眼，將視力集中在圖中的黑點上。黑點四周的橫線和直線，在你周邊的視力範圍內出現，大都是直線還是曲線？是連續的線還是虛線？（如圖二和三所示）？分別測試左、右眼。

若看到的不是連續直線，應盡快就醫檢查，這是黃斑病變的症狀。

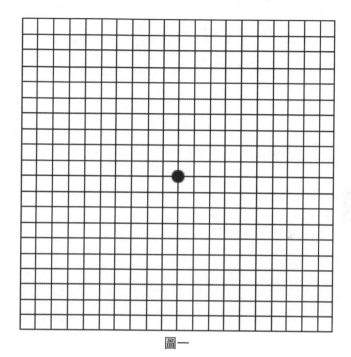

圖一

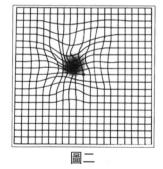

圖二

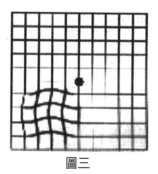

圖三

眼睛是健康的指示燈

眼科醫生往往能從檢查眼睛看出其他身體上的問題。由於視神經直通腦部，腦部若有異常變化，在檢查過程中可能會有所顯示，還有像高血壓及糖尿病也會造成眼睛症狀的改變。因此，眼科醫生常常是第一個發現病人有上述方面問題的人。

眼睛的健康、視力良好與否，與生活品質息息相關。最壞的狀況當然是失明，將會永遠改變人的一生，而較好的狀況就是只需矯正視力，無論是近視、遠視、閃光或其他症狀，也會造成生活上永久或長期的不便。

造成失明的三大病症

一般我們建議每一到兩年要做一次全面性的眼科檢查，除了能確保眼睛健康，早期發現問題外，建立起長期相關檔案，也有助於未來的保健、預防，以及治療。保守估計，定期檢查眼睛可以避免三分之一新增失明的案例。根據世界健康組織調查，歷年來東南亞一直是「可避免的失明」病人比

例最高的區域，而歐洲及北美區是比例最低的區域。

白內障

　　白內障是全世界造成失明的首要成因。年紀大的人中，約五分之一患有白內障；七十五歲以上的人，約一半有白內障。白內障是指眼睛內的晶體變混濁，因而影響視力。導致罹患白內障的重要因素有：

- 年齡（最重要）：年齡越大，罹患的機率越高
- 糖尿病
- 暴露於紫外線下（如太陽）
- 吸菸
- 喝酒
- 營養不足
- 長期使用皮質類固醇

　　白內障是逐漸形成的，症狀的呈現會因形成的地方而有所不同。一開始，有些人是看遠方的視力受到影響，而有些人卻是看近距離的視力減退，等白內障漸漸蓋住眼睛的大部

分或全部晶體時，視力就會受到嚴重影響。

　　白內障嚴重時，可用手術治療。美國每年大約有一百五十萬人開刀去除白內障，手術通常不到十五分鐘，也只使用局部麻醉，用聲波擊碎白內障的晶體，抽出後，再放入一個新的人工晶體。輕微的白內障可以用矯正視力的方法，如戴眼鏡或矯正度數來處理。帶太陽眼鏡，避免陽光直接照射眼睛，也是有效減緩白內障形成的方式。

青光眼

　　青光眼是全世界造成失明第二大的成因。在美國，四十歲以上的人中，有兩百二十五萬人以上患有青光眼。青光眼是視神經被破壞所造成的，大部分的破壞來自沒有明顯症狀、逐漸上升的眼壓。因此，當很多人感到視力減退許多，去看醫生時，視神經已遭到嚴重的破壞了。估計美國有約兩百萬人不自知有青光眼。

　　少數人會經歷眼壓突然劇增，這應屬急診，若不在第一時間治療，很快會導致眼睛失明。症狀通常是眼睛劇痛，引

起噁心、頭痛或嘔吐。醫生可在定期的眼睛檢查中，放大眼睛瞳孔，窺視眼球後面的視神經有無損壞。若及早發現有異，可經由眼藥水、藥物，或是手術來治療。治療青光眼的內服藥常有影響老年人的副作用，在使用上需要特別小心。

黃斑病變

黃斑病變是全世界造成失明的第三大成因，但卻是造成老年人永久失明的最大因素。黃斑病變主要影響中心視力（相較周邊視力），平日看書、看電視、看電腦、開車所使用的都是中心視力。黃斑病變是因為視網膜中，負責中心視力的組織產生變化，除了直接影響視力外，有時也會造成視網膜剝離。有黃斑病變的人，常會在視覺中心看到點。目前對於黃斑病變沒有公認的治療方式，現有的治療目的也大多屬於減緩病變速度和失明過程。

日常保健提示

1. 遮陽

　　許多眼睛方面的退化與傷害常常來自於紫外線。能抵擋紫外線的太陽眼鏡不需要很貴，但要確認鏡片是99％或100％防紫外線。

★鏡片的顏色不需要太黑，稍微能減低刺眼的強光即可。太黑的鏡片有時會影響分辨顏色的能力，如看紅綠燈、標誌，或開車時看儀表板等，影響安全。

★目前市面上有賣防紫外線功能的隱形眼鏡，但建議還是應該戴普通的太陽眼鏡。

★除了戴太陽眼鏡外，最好再搭配有帽簷的帽子，或是撐陽傘，以防紫外線從太陽眼鏡外的縫隙射入眼睛。

★夏天游泳、冬天滑雪的人更要記得防曬。陽光從雪或水面上的反射及屈光，會使得人所接觸到的紫外線，比直接受陽光照射更強。特別是在海拔高（如高山上）或緯度低（如加勒比海地區）的地方，輻

射也會比較強。

2. 保持距離

現代有近視的人好像特別多，有一種解釋是，現代人不像石器或狩獵時代需要看遠處，因此看遠的能力漸漸退化，也有資料顯示這樣的說法似乎有跡可循。此外，電視的普及與近視的患病率確實有密切關係，所以建議：

★看電視的距離是電視螢幕尺寸的六倍。例如，三十二吋的電視，觀看距離應有一百九十二吋，或約五公尺左右。

★有空盡量讓眼睛看遠處，有助於遠視力的發展及維護。

★閱讀也應保持約三十公分的距離

3. 視力矯正

若視力檢查的結果顯示需要矯正，應即時配戴適合的眼鏡。有些人被診斷出應戴老花眼鏡，卻拒絕承認

有老花，而不去配戴眼鏡。任何需要矯正的狀況都一樣，不管是老花、近視，或是閃光，長期不矯正會讓眼睛疲勞，症狀更惡化。

4. 定期檢查

一般建議即使沒有任何症狀的人，每一至兩年都要做一次眼睛檢查。定期檢查有助於醫師追蹤，也能及時察覺任何變化。

5. 飲食保健

有助於維護眼睛健康的營養成分包括：葉黃素、維他命C、穀胱甘肽。含葉黃素的食物有菠菜、玉米，以及綠色葉子的植物；若要吃葉黃素補充品，每天可吃六—三十毫克。維他命C可從一般蔬菜、水果中攝取。含穀胱甘肽的食物則有雞蛋、大蒜、酪梨、蘆筍和洋蔥。

照顧長者的注意事項

1. 留心眼皮下垂

年紀漸大時，皮膚會開始鬆弛和下垂，眼皮也是一樣。有些人會因眼皮下垂而導致眼睫毛角度變化，倒戳眼睛，造成眼睛的不適或流淚。眼科醫師可以幫助拔除倒戳眼睛的睫毛。

2. 留心乾眼症

當淚液分泌減低時，眼睛會感覺乾、刺痛、灼熱，或視覺模糊，過了更年期的女性會更常經歷乾眼症狀。使用人工淚液有助於減低症狀和保護眼睛，較嚴重時則需使用醫生處方的眼藥水。

3. 留心濕眼症

淚水過多有許多原因，包括淚水無法適當流進眼球，或無法有效排除淚水。乾眼症常常也會造成淚水過多，因為身體察覺到缺乏淚水就加倍製造，但淚水又無法有效地流入眼球，導致淚水過多。最好經眼科

醫生診斷原因後再對症下藥。

4. 留心眼瞼炎

眼皮下的腺體若分泌油脂過盛，會阻礙腺體正常分泌，以及造成臉面皮膚上的細菌過度繁殖，使得眼瞼發炎。症狀包括眼睛癢，眼皮下有硬塊（感覺像有眼屎在眼皮下），眼睛紅腫或灼熱。清潔及熱敷能改善。清潔方面，可以用嬰兒洗髮精加水（比例約各一半），以毛巾或棉花棒沾用，每天在眼睫毛根部的一圈眼瞼下，輕輕按摩、清潔。清潔後可熱敷，用溫毛巾（不要太燙）敷眼睫毛處約兩分鐘；也可以將生米包在毛巾或（新）襪子裡，微波三十秒後，敷在眼睛上兩分鐘。

5. 光線要充足

因為眼睛肌肉的變化，年紀大的人瞳孔會變小，瞳孔收縮的反應也較慢，所以需要較多亮光來補足。若是看同樣的東西，六十歲以上的人，需要比二十歲的

人多三倍亮光才能看得到。同樣的，年紀大的人也比年輕人需要更多時間來調適從暗處到明亮處的過程（如從電影院走出到陽光普照的街上）。這時，太陽眼鏡對眼睛更是重要的保護。

6. 避免疲勞

無論是看電腦、看電視、閱讀書籍或報紙，都要避免用眼過度。盡量每三十分鐘休息一下。

7. 留心周邊視力減退

老化會造成周邊視力減退。在正常的情況下，如果你把雙臂伸出，與眼睛直視方向約九十度直角時，扭動大拇指（不要搖動整個手臂），雖然眼睛直視前方（眼球要定位前方，不要左右轉），周邊視力也會讓我們看得見大拇指的扭動。如果你看不到，

試著將雙臂向前移動一點，直到可以看到拇指扭動為止。你需要移動雙臂的幅度越大，代表周邊視力的流失越多。我們大約每十年會失去一到三度的周邊視力，到七、八十歲時，則大約會失去二十到三十度的周邊視力。這會影響行動或駕車安全，需要養成常常轉頭看左、看右的習慣，來補足周邊視力的減退。

8. 定期檢查

除了每一到兩年要定期檢查之外，若感覺眼睛看東西有變化，都應立即就醫檢查。

腸胃暢通無阻好吸收

　　張老先生可以說是由家人強迫就醫的，一見到醫生，他仍堅持說，「我沒什麼大毛病！只是家人小題大作罷了。」還繼續說：「人年紀大了，本來就都會有各種小毛病的，算不了什麼。只不過近來食物下嚥有些困難，可能人老了，口水也少了，沒什麼了不得的！」

　　張老先生說的似乎有幾分道理。我也常聽人把各種生理轉變的現象都歸咎給「老」，但「老」似乎承擔了太多其實跟它無關的症狀，例如，不想用心的事，就說記性不好；懶得去看的，就說眼睛累了；明明是不願去的地方，推說沒力氣；不合口味的，就說沒胃口等。但一轉過頭來，碰到愛做的事、想去的地方，還是對健康不好卻很對味的食物，縱然體力等各方面大不如前，仍然照做、照去、照吃，都不見受年紀大影響。

　　然而，該留意，而且相當危險的是，當我們把身體發給

我們的警訊，詮釋成「正常的老化」！像是吞嚥困難，無論發生在任何年齡的人的身上，都不是正常的。張老先生很幸運，擁有具警覺性的家人迫使他去醫院檢查，因而發現他是初期食道癌。好在治療得早，健康也恢復得快。

　　消化系統是影響老化的重要環節，也是維護健康不可忽略的關鍵之一。消化系統不單是指人們常說的五臟廟，而是從口腔開始，直到肛門都包括在其中。食物從口腔進入，經牙齒及口水分解，進入食道、胃、小腸、大腸、直腸，再由肛門排出。其中，光是小腸和大腸加起來就大約有八百公分；試想，對於一個身高一七〇公分的人而言，這長度竟是身高的近五倍。此外，體內輔助消化系統的內臟尚有肝臟和胰臟，會分泌消化食物所需的液體。所謂的膽汁係儲藏於膽囊的液體，但由肝臟分泌來幫助消化。

消化系統異常的症狀

吞嚥困難

　　上面提到過，任何年齡的人，在正常情況下都不該有食

消｜化｜系｜統｜小｜測｜驗

　　至少吃一杯（1 Cup）的甜菜（beet）。不一定要單獨吃，可在平日用餐時「加菜」或與其他蔬果打成汁，但要一次吃完一杯。腸胃狀況良好的話，甜菜應該在二十四小時內被排出，檢查看看自己的糞便是否變成深紅或黑色。若甜菜超過二十四小時才被排出，表示您的消化系統需待加強。要注意尿液可能在幾小時內就會呈現粉紅色，但測驗消化系統要看的是糞便反應。

物吞嚥困難的症狀。正常的吞嚥必須用到許多部分的肌肉，包括口腔、喉嚨，以及食道。不同的地方有了問題，會有不一樣的症狀：有時是食物在口中嚥不下去，但通常不會有疼痛的感覺；而有的時候則會覺得食物哽在喉嚨或胸口，吞嚥時會痛。不論是哪種狀況，只要吞嚥有困難，都應該盡快就醫檢查。

胃酸逆流

在食道和胃之間，有一片瓣膜，而且這瓣膜是單行道，只朝一個方向開——食物從食道往下移動，將瓣膜推開，進入胃裡。之後，瓣膜就會關起來，以避免用來消化食物的胃酸，逆流進入食道。胃酸的侵蝕力極強，倘若進入食道，會破壞食道內壁的細胞。我們的腸胃，是人體特別設計可以承受胃酸與其共存的。胃內壁的細胞代謝速度很快，大約每兩到三天就換新一次，如此不斷快速換新，才能避免胃酸侵蝕胃部深層。

當瓣膜出了問題，胃酸就會往回逆流。有時年紀大的

人，胃有移位的現象，還有可能是藥物的副作用，都會造成胃酸容易逆流。胃酸逆流通常發生在飯後，以及飯後躺下時最為明顯。一般症狀包括胸口灼熱、疼痛，還有當胃酸逆流到食道以上，進入呼吸道時，會導致咳嗽、呼吸困難和聲音沙啞等。每個人的症狀可能都不一樣，有時唯一的症狀，就只是聲音沙啞而已。要靠自己多加注意，記錄症狀何時最明顯及發生的頻率等，後面在「看醫生須知」中會有較詳細的討論。在美國大約有二〇％的老年人，一週會有一次胃逆流的狀況；五〇％一個月會有一次。

若有胃酸逆流的症狀，應找醫生做詳細檢查，特別是確認嚴重程度，像是有無出血等。依每個人狀況不同，胃酸逆流可用藥物，甚至手術治療，也可經由改善生活習慣來調養。通常藥物治療須持續八週以上，若是用藥滿八週停藥後，逆流狀況又回復了（尤其是在三個月內回復），則表示可能需要長期用藥。

以下是有助於改善此症狀的生活習慣，包括：

· 少量多餐。

·躺下（睡覺）前三小時避免進食。

·睡覺時將頭抬高十五到二十公分，使用方形枕頭。單單一般高枕頭通常沒有用，因為睡姿會改變進而影響頭部位置。方形枕頭比較能有效固定頭的位置。

·避免酒類、咖啡、番茄醬類、巧克力，以及某些藥品，如抗生素四環黴素（tetracycline）、肌肉鬆弛藥、安眠藥，以及骨質疏鬆藥善骨實（alendronate/Fosamax）等。

消化性潰瘍

當原本能正常防禦胃酸的消化系統內壁被破壞，因而無法繼續發揮保護作用時，這些部位就會被胃酸侵蝕，造成潰瘍。在美國，大多數消化性潰瘍的案例，都有感染幽門螺桿菌（Helicobactor pylori bacteria）。幽門螺桿菌的感染檢驗及治療流程都不複雜，因此如果懷疑有感染，除了治療潰瘍症狀外，最好也檢查有無幽門螺桿菌感染。

消化性潰瘍的普遍症狀為腹痛，特別是飢餓的疼痛感，或是發熱，類似胃酸逆流的症狀。但有些年紀大的人症狀不

明顯，只是腹部不舒服、沒有胃口，或體重減輕等。嚴重時會消化系統出血，在嘔吐或排便時看到近乎黑色的排泄物。但大部分的人通常不會去注意，等到貧血狀況出現後才去檢查。

潰瘍或胃酸逆流都可經由照胃鏡檢查診斷。治療後，潰瘍應在八到十二週內痊癒，若是治療後超過十二週潰瘍仍未痊癒，就該進一步做抹片檢查，找出原因。

膽囊疾病

膽囊內有膽汁，會在消化脂肪時釋放，膽汁若太濃會結成晶體，可能會形成膽結石。膽結石的症狀是右上方腹部劇烈疼痛（肋骨下方一點），發作時疼痛感會延伸至肩胛骨，甚至造成想要嘔吐的感覺；其他症狀包括在吃了高脂肪食物後，會覺得腹部發脹。若是結石阻塞膽管，使膽汁無法進入腸子，就會讓人發冷，發燒，有時皮膚和眼睛的顏色會變黃，稱為黃疸。

除了膽結石外，膽囊本身也會發炎，若不治療，最終膽

囊可能破裂，造成其他嚴重問題。膽囊的不適，會時好時壞。雖然結石會造成劇烈疼痛，有時甚至持續一小時以上，但過後就又沒事了，但幾個星期後，症狀又會回來。類似症狀若重複發生，最好做一次詳細檢查。醫生通常能夠經由問診和驗血診斷出膽囊疾病，最後則是用超音波確認。有時配合胃鏡，核磁共振，電腦斷層掃描等檢查，以更詳細了解病症。

腹瀉

造成腹瀉的可能原因很多，包括吃壞肚子、情緒、壓力、發炎等，嚴重腹瀉或排便出血都應該立即就醫，若腹瀉持續一星期以上，也該盡速就醫。腹瀉時，特別要注意補充水分及電解質（一般運動飲料）。年齡大者有時會較難消化某些糖類，如牛奶裡的糖分（lactose，乳糖）或人造糖（artificial sweetener），都可能造成腹瀉。一般腹瀉有三分之一都是由於發炎或吃藥的副作用所造成。看醫生時，別忘了把目前所吃的藥都記下來告訴醫生。

便祕

　　每個人的身體狀況不同，排便習慣也稍有差異。一般來說，若有以下任何一種症狀，皆可稱為有便祕現象：

　　‧排便需極度用力。

　　‧一直感覺排便排得不乾淨。

　　‧一星期內排便不到兩次。

　　老化的過程及藥物的副作用，都可能造成便祕。在美國，大約有三〇％的老年人，特別是女性，都有長期便祕的症狀。正常的消化及排便，都需要腸子正常蠕動，長期使用瀉藥，可能會過度刺激腸子蠕動，造成腸子在沒有瀉藥或其他外來刺激時，蠕動過慢而造成便祕。再者，體內管理腸子蠕動的分泌物，與一種和睡眠及情緒相關的荷爾蒙（血清素，serotonin）相似，因此，有睡眠問題的人（失眠或貪睡），也常會有消化系統不良的相關症狀。近來發現，常用於治療心理疾病，增加體內血清素的藥物，其副作用也能治療消化系統不良。

腸易激綜合症（Irritable Bowel Syndrome, IBS）

近年來，越來越多人有腸易激綜合症。目前沒有任何醫療測試可以客觀診斷這種疾病。通常要靠有經驗的醫生，從詳細問診的過程中診斷。美國大約有二〇％的成人有腸易激綜合症，女性多於男性，約一半的人是在三十五歲前得病。

腸易激綜合症的診斷標準為：

一年中有十二週以上的腹痛或不適（不需連續，前後加起來即可）的症狀，再加上下面三項中的任何兩項：

· 腹痛或腹部不適，但在排便後隨即消除。

· 開始有症狀時，排便次數跟以前不一樣（比以前多或少）。

· 開始有症狀時，糞便外型跟以前不一樣（較硬或軟，條狀或顆粒狀）。

以下疑似腸易激綜合症的症狀：

· 排便次數不正常（一天三次以上或一星期三次以下）。

· 糞便外型或結構不正常（太稀或太硬）。

‧排便過程不正常（很用力、排不乾淨，或忽然忍不住）。

‧糞便中有黏液。

‧腹部有脹的感覺（不一定要排氣）。

腸易激綜合症雖不算什麼嚴重大病，不會對腸胃有任何永久傷害，或導致其他嚴重的疾病，卻會造成身體與生活作息上的極度不適和不便。至今仍不清楚造成腸易激綜合症的原因，也還沒有一定的治療方式，治療的目標也僅限於控制症狀。影響病症的因素包括某些食物或飲料、壓力、情緒和藥物等。因其症狀與情緒關係密切，近來又發現控制情緒的藥物，有緩和腸易激綜合症的副作用，研究正朝向有關血清素的方向進行。

日常保健提示

1. 纖維＋水是關鍵

多纖維的食物會讓人有飽足感，只要有飽的感覺，就不會想去吃其他東西，因此可以說有控制食量和體重的作用。纖維含少量脂肪、醣類，除了對健康有益外，纖維還有助於清理腸胃。然而，如果只單吃纖維，而未充分補充水分時，纖維會變得很硬，像水泥一樣，即使腸子用力蠕動還很難將纖維送出，造成排便的困難。若有充足水分，纖維加上水，可以保持腸胃清潔、通暢，排便當會順暢許多。女性一天至少應食用35grams的纖維，男性則是25grams。高纖食物除了青菜、水果外，還包括全穀物、燕麥和豆類。水的分量，建議男士一天應飲用3公升（約13杯），女士2.2公升（約9杯）。簡單的確認方式是一天至少8杯（8盎司）的水，保持排尿近乎無色，因為尿液顏色深正是缺水的現象。

2. 養成好的「吞藥習慣」

　　藥若沒好好吞，可能會對消化系統造成損害，特別是長期服藥的人，影響更大。要注意：

★依照指示用藥，有些藥會註明服用時需要多喝水。

★不要自己調適藥量。

★吞下任何藥或維他命之後，都要喝下至少一杯的水（約二百三十五毫升）。

★盡量站著吃藥（比較不易有駝背姿勢），吞藥後三十分鐘內不要躺下。

★除非有特別說明，否則盡量不要在睡前服藥。夜間的口水量減少，吃藥較容易卡在喉嚨或食道內。而且睡前喝太多水容易夜間頻尿，影響睡眠。

3. 定期大腸直腸癌症篩檢

　　這類篩檢，類似婦女的子宮頸抹片檢查般，有預防及提早發現疾病的功能。

　　在美國和台灣，大腸、直腸癌都位居前三名內的癌

症死亡原因。家族裡沒有遺傳性癌症的人，建議五十歲開始做大腸直腸鏡檢查。若有家族遺傳性癌症，建議以家族中最年輕就罹癌症的人，在他發現癌症年齡的前十年開始篩檢。如有其他原因，如遺傳，或已經得過其他部分癌症等，就屬於高危險群，應更早開始。大腸直腸鏡是許多篩檢方式之一。做大腸直腸鏡時，可以看出腸子內是否長有息肉，順便拿掉息肉去化驗。若是有息肉（一個也算），無論是良性或惡性，建議隔年再做檢查。如果檢驗結果沒有任何息肉，則可以過十年再做下次檢查（以前建議五年）。

目前美國疾病管制及預防中心建議五十到七十五歲的人，需定期做大腸直腸癌症篩檢。但七十五歲以上的人，做篩檢的益處不會大於做篩檢的危險性，或其產生的副作用，因此要以個案處理。

▌照顧長者的注意事項

1. 補充水分

年紀大的人，口水的分泌會逐漸減少，常造成乾口症。時常補充水分，有助於消化、減少口臭，以及增加舒適感。

2. 烹飪時使用香料

口水不但有助於食物分解，是消化的第一線，也有將食物分散在舌頭上，增進味覺的作用。因此，口水分泌減少，加上偵測味覺及口感的神經 也逐漸減少，造成食不知其味，導致偏愛油膩、味重的菜。建議使用香料，如胡椒、香菜、韭菜、大蒜和蔥等，而不要過度使用油、鹽等有害健康的調味料。

3. 保持食物新鮮

食物不要買多，兩三天的份量或許就夠了，養成經常保持新鮮食物的習慣。

有次出差感染重感冒。鼻子完全聞不到味道，晚上回家肚子有點餓，看到冰箱裡還有幾個蛋，順手就拿來炒了吃。沒想到幾小時後，上吐下瀉的食物中毒症狀才讓我想起，這幾個蛋在冰箱已經好幾個星期了！通常，「壞蛋」的臭味是一聞就知道，我卻因鼻塞毫無察覺。年紀大時，視、嗅、味覺都漸減退，察覺出食物不新鮮的能力沒以前好。若是與家人同住，不妨養成多問一句的習慣，找另一個人來幫忙看看、聞聞。

耐力十足的心臟（pump）

　　平日除了主要工作外，我興趣之一是從事緊急救援。很幸運，我參與了世界知名的紐約緊急醫療服務（Emergency Medical Services, EMS）。這項服務中，不可缺的一環就是緊急醫療技師（Emergency Medical Technician, EMT）。EMT通常是在救護車上，第一時間到達現場的人員。在醫院外，就算有醫生在場，也不允許指揮 EMT的運作。主要原因是EMT所受的專業訓練，是針對緊急狀況而設計；除非當時剛好有受過急救訓練的醫生在場 ，否則EMT是最有經驗處理需要急救的人。EMT在受過緊急醫療訓練後，由州政府經筆試與實際操作考試後頒發證照，因急救方式不斷演變，EMT證照必須每三年更新一次。緊急醫療服務、消防隊和警察之間，彼此有密切的合作關係，因此統稱 Men of Service（MOS）。如果有MOS夥伴受傷，常由警車開道，直往醫院。

　　當我在紐約做緊急救護員的實習期間，有次在救護車上

待命時接到九一一派遣中心通知：一位二十一歲的女學生，打壘球時突感暈眩，呼吸急促。等我們趕到現場時，這位女學生神智清醒，除了心跳和血壓偏高外，看起來只是有些無力。症狀發生前，她本在運動，稍高的心跳和血壓也仍屬正常，當時還可自己走上救護車，並且指定要到她熟悉的醫院。

美國各州和各城市的急救系統都有其自己的規定，紐約市也不例外。根據每個病人的狀況，程序會有所不同。例如，紐約市許多醫院在一般急診外，有特別專科，在沒有生命危險的情況下，應將病患盡量送到適合的專科醫院：燒傷的送燒傷中心，中毒的送中毒中心，截肢的送有相關專科的醫院等，但如有生命危險，程序上規定要送到最近的醫院。有時病人或家屬要求到某醫院，救護人員有權視當時情況而決定到哪家醫院。那時，救護車上的資深人員決定接受女學生的要求，送她到她想去的醫院。

上車沒多久，她反應手臂有麻的感覺，雖已給她用了氧氣，卻仍有喘不過氣來的跡象。救護車上的資深人員立刻讓

車加速，並以無線電通知救護中心，我們將開往最近的醫院，而非病人所指定的醫院。一旁的我有些納悶，紐約市很小，到病人指定的醫院也不過約二十分鐘，有這麼急嗎？還沒從這想法中回神來，就聽到資深救護員重複叫喚該女生的名字，但未得到她回應，顯然已經進入休克狀態。四分鐘後，救護車開進最近醫院的急診室時，我是跪在擔架上幫她做心臟按摩，而資深救護人員則在旁做人工呼吸，一起被推進急診室的。

事後，我請教這位資深救護人員，為何他在女學生休克之前就做出改送醫院的決定？他說幾十年的經驗裏，心臟停止跳動，可能隨時發生在任何人身上，沒有一定徵兆，也沒有固定症狀。因此，只要有懷疑，寧可以心臟急診處理。後來這位女學生終於被救了回來，屬於幸運的少數人。

心│臟│功│能│小│測│驗

　　若你已經有心臟病或懷疑自己有與心臟相關疾病，請勿自行嘗試！這項測驗是為目前健康狀況及心臟功能正常者所設計。測驗時可找一個幫手來計時或測量心跳。

　　1. 算出你每分鐘心跳的上限 =220–你的年齡

　　2. 算出你心跳上限的八成（80%）

　　3. 做你平常習慣做的運動，將心跳加速到上限的八成以上

　　4. 當心跳達到每分鐘上限的八成以上後，停止運動

　　5. 算一算要幾分鐘以後，你的心跳才會下降到上限八成減66

例如：

你今年57歲。你的心跳上限＝220－57＝163

心跳上限的八成＝163×0.80＝130.40

　　你可以小跑步、爬樓梯，或做跳躍活動，將心跳增加到131以上。如果你心跳穩定（沒有心律不整），可以量心跳15秒鐘，再乘4，來算每分鐘心跳率。

　　達到目標心跳率後，停止運動，然後計時及量心跳，算一算

要幾分鐘後，心跳才恢復到一分鐘65下：

　　每分鐘心跳上限八成（131）－66＝65。

　　答案若是，

　　2分鐘以下：表示你心臟功能良好。你的身體年齡比你的實際年齡（歲數）要年輕至少8歲以上！

　　4分鐘以下：表示你還可以加強心臟功能，使它更好。

　　4 分鐘或以上：你的心臟功能欠佳，需要努力鍛鍊。

心臟，在人類思想中一直占有其獨特之地位。我們用「愛心」、「良心」，或「心術不正」，來形容一個人的基本特質；「傾心」、「心碎」、「心痛」，或「心酸」來表達情感的種類及程度。近年來，到底是心，還是腦才是人們的靈魂所在，更是常被討論的熱門話題。不可否認的，心臟一旦停止運作，人的細胞和各個器官就開始損壞，以及死亡。我們都知道的，人若缺氧，活不下去，但是若沒有心臟運輸氧氣至身體各器官，也一樣活不下去，因此常聽到「心肺」功能，因為心和肺是息息相關的。

　　人體內的細胞，都需要氧氣及養分才能生存。我們每吸一口氣，進入肺部的氧氣，要靠血液的循環帶到全身細胞。血液流動全身，靠的是心臟跳動。心臟本身是一塊肌肉，像海綿一樣，收縮的時候將血液送出，血液出心臟後，靠著血管彈性的收縮，被擠送至全身各部位細胞。我們的血管有點像橡皮管，有彈性，不像水泥管。當心臟放鬆時，也像海綿一樣，吸進回流的血液，在送入肺裡將二氧化碳呼出後，裝進新鮮氧氣，再度開始收縮，循環的過程。當心臟出了問

題，可能是心臟肌肉本身（包括心門、心電、肌肉、等）或負責運送的血管（包括心血管、腦血管等）運作不正常。在此，我們將心臟的保健，略分為心臟肌肉的鍛鍊以及血管內的清潔維護，這兩樣也是相輔相成的。

常見的心臟疾病

冠狀動脈疾病

由於心臟在人體中占有極重要的特殊地位，它本身所需的氧氣和養份有專屬的血管供給——冠狀動脈。當冠狀動脈（專門輸送血液給心臟的血管）出了問題，就會直接影響心臟功能。心臟需要持續不斷的氧氣供給，當血液無法有效到達心臟，心臟暫時缺氧時，會造成胸口悶、痛、有壓力、喘不過氣來的感覺。這是心臟病的早期症狀——缺氧。在這階段，活動量稍大會使症狀更明顯，但坐下休息一下，又會感覺好很多。發現有此症狀的人，應盡快就醫檢查。若是心臟缺氧時間過長，會造成心臟肌肉壞死，統稱心臟病。

造成冠狀動脈不通的原因，與體內任何其他血管不通的

原因都一樣。血管不通或破裂，發生在腦部就是中風，在心臟，就是心臟病。形成血管阻塞的因素有許多。較常見的有高血壓，高膽固醇，及血管炎症。血管像是橡皮管（有彈性的），高血壓的情況，就如把一條細水管接到粗水龍頭。大量的水壓擠過橡皮水管的力量，長時間會造成水管壁破損。血管內壁像皮膚一樣，一旦破了，可能會發炎。人體內會自行修復傷口，讓它結疤。管內結了疤的傷口，不但使血管狹窄，更會吸引壞膽固醇（low density lipoprotein, LDL）附著在結了疤的血管壁內。壞膽固醇有點像稀飯，黏黏、稠稠的，量多的話，不但會附著在傷口上，也容易造成血管流通不順暢。好膽固醇（high density lipoprotein, HDL）質料較硬，量多的時候可以將有些血管輕微塞住的地方沖開，有助於清理血管。

正常收縮壓（心臟收縮時，血液流出的壓力）應在120左右，舒張壓（心臟放鬆時，血液流在血管內的壓力）應在80左右。長期收縮壓高於140，舒張壓高於90，就是高血壓。若是血壓長期介於120/80 – 140/90之間，成為前期高血壓（prehypertension），最終變成高血壓的機率很高。

心臟衰竭

　　當心臟缺乏足夠力量把血液打出，稱為心臟衰竭。造成心臟衰竭的原因許多，包括高血壓，冠狀動脈疾病，心臟肌肉損壞等。心臟衰竭分為兩大類：

　　收縮與舒張衰竭。先前提到心臟有點像海綿，如果將水（血液）擠出時出了問題，無法有效將所有的血液送出，就是收縮衰竭。若是在放鬆（血回流，吸水）時出了問題，無法完全讓需要的血液回流，就是舒張衰竭。心臟衰竭直接影響血液循懷。當血液循環不順暢時，體內的液體不能有效被代謝，就會積在身體各處。若是液體積在肢體，會造成腳水腫；積在肺裡，則造成肺積水，在活動時或晚上產生咳嗽症狀；如果積在肝理，會造成腹部不適，有腫脹感，或胃口減低等症狀。心臟衰竭的人一般來說，會感覺疲勞，體力不支，就算是輕微的活動，也會一下就累了。

心臟瓣膜疾病

血液的循環有一定的流向。心臟裡瓣膜的功能就像閘門，防止血液逆流。心臟瓣膜本身因為長期使用或病變，可能會硬化或結痂，造成無法完全打開，使足夠的血液流過。心瓣膜也可能關不緊，導致血液回流。不同部分的瓣膜損壞，會造成不同的症狀。有些也會導致心臟衰竭。心臟超音波通常可以有效診斷心臟瓣膜相關疾病。

心律不整

心律不整的種類，是依心臟部位以及跳動不規律的形式而分。有些部位跳動不規律比其他部位嚴重。心跳不規律包括心跳速度不穩定（太慢，太快，時快時慢）或心臟忽然顫動（類似快速抽搐）等。心律不整的嚴重性，依心臟被影響的部位以及心律不整的形式而不同。藉由心電圖檢查可以診斷不同的心律不整。心律不整本身很少會是獨立的疾病，通常有潛在因素，可能與其他疾病有關。因此，若是有此症狀，應盡快做好徹底健康檢查。

動脈瘤

　　就像心血管疾病一樣，動脈瘤可能發生在人體內任何的動脈：腦部、心臟、腹部等。血管受損後，血管壁變薄，繼續長期有血液流過的壓力（血壓），會造成血管壁薄的部份像吹氣球一般，變大，也有人天生血管就有病變，造成動脈瘤。無論是後天還是天生，動脈瘤最終若破裂，會大量出血，是最可能造成死亡的急診。在我做急救人員時，有個二十四歲的女孩子，偏頭痛要去醫院急診。救護車上我幫她量血壓，並詢問她病歷，話講到一半她就癱了下去，很快也就沒有呼吸和心跳了。雖然幾分鐘就到醫院馬上急救，事後得知她仍沒被救回來。醫生告訴我，那女孩是腦部動脈瘤破裂。資

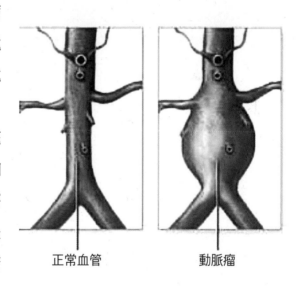

正常血管　　　　　動脈瘤

深救護人員也告訴我，在他們所遇見動脈瘤破裂的病人中，很少人能救得回來的，也幾乎可以說沒有。

　　動脈瘤大多數沒有症狀。被發現常屬意外，如開刀、照X光、核磁共振，或身體其他部分被掃瞄時剛好看到。如果血管壁被撐到很大還沒有破裂，會有痛的感覺，而當疼痛劇烈，可能表示將要破裂。高血壓或心臟病沒有控制或治療的人較易導致這種血管性疾病，但吸菸亦為危險因素之一。

日常保健提示

1. 有氧運動

可以的話，我們建議一星期至少做三次有氧運動，一次至少二十分鐘。做會出汗、加速心跳的運動，此類運動不但可以降低血壓（收縮與舒張壓都降），也會讓血管更有彈性，避免硬化。最好運動時能將讓心跳加速到上限（220-年齡）的八成以上，游泳、快走，或跑步，都是很好的運動。

2. 阿斯匹靈

血液濃度及血管內壁炎，都直接與心臟血管疾病有關。阿斯匹靈有消炎及減低血液黏度的作用。許多研究結果顯示，中年以上的人（男性三十五歲，女性四十歲以上），如果每天服用八十一毫克的阿斯匹靈，可減低三六％得心臟病的機率。但吃阿斯匹靈常會讓胃不舒服，可以在服用前後喝一杯溫水，因為阿斯匹靈在溫水中溶化較快。需要留意的是，阿斯匹

靈有使血液比較不黏的作用，長期服用後，若發現身體容易瘀青、傷口破皮也難止血（如刷牙或刮鬍子割傷後），則需減低服用劑量。若有疑問，應向醫師詢問。

3. 使用牙線

牙醫師們一再耳提面命使用牙線的重要性，並且告知病患，只要持續使用，就不易導致牙周病，否則老了牙齒將一顆顆掉光！雖然如此，美國大約有八五％的男性和六五％女性，仍然未使用牙線。有一點我們應該知道，使用牙線還可預防心臟疾病，因為有效清潔牙縫，可以預防會引起發炎的細菌由口腔進入血管及心臟。

4. 飲食保健

★蔬菜水果

很多蔬菜，水果中含有黃酮類化合物（flavonoids），與類胡蘿蔔素（carotenoids），可減少發炎，以及清

除體內有害物。特別是顏色鮮豔的蔬果，如紅葡萄、番茄、蔓越莓等，洋蔥和大蒜也有益心臟。

★橄欖油

Extra virgin 的橄欖油有助於提升好膽固醇。

★脂肪酸（Omega-3）

這類脂肪酸特別有助於維護心臟及血管，能降低血壓，減低心臟病或心律不整的機率，預防血管內結痂變大，預防血液凝結而造成血管易阻等。最好一星期能吃三次魚類，特別是野生鮭魚、鰍魚、鯰魚或比目魚。

★含鎂（Magnesium）的食物

可以使動脈擴張，減低心律不整，也會降低血壓。穀類、果仁類（南瓜子、太陽花子、巴西果、杏仁、腰果、松子）、黃豆、黑巧克力（內含可可成分較高）、酪梨，以及甜菜等，都含有高量的鎂。

照顧長者的注意事項

　　身體各器官細胞皆需要氧才能存活，心臟和大腦更要不間斷的氧氣供應。體內各器官在沒有持續氧氣供應下，可以存活的時間不一樣，而腦細胞在心跳停止後四到六分鐘就開始死亡，十分鐘後就會腦死。因此，心臟血管一旦賭塞，就是急性心臟病，心臟本身會立刻缺氧，很快的，心臟就會停止跳動。心臟一停，血液就不再流動，就算肺裡還有氧氣，也沒法送到全身了。無論任何年齡，急性心臟病是會致命的急診。特別是年紀大的人，建議寧可小心一點。若有任和胸痛，暈眩，或呼吸困難的症狀，應及時就醫。雖然造成這些症狀的原因可能很多，也不見得都是如此緊急，嚴重，但萬一是急性心臟病，送醫急救分秒必爭，有生死之差。在美國，大約四〇％急性心臟病發的人，最終都沒來得及送到醫院。

不急、不喘，緩呼吸

　　一位自台來訪的王女士，到我診所諮詢有關焦慮症的相關治療方式。王女士近來感覺容易緊張：心跳快、手抖，晚上也睡不好。問診中，得知她患有家族遺傳性心臟血管疾病，長期在服用降血壓及心臟相關藥物。幾個月前，例行看心臟科醫生時，她告訴醫生最近感覺心臟跳得比以前快，有時甚至要以咳嗽來壓制心跳快的感覺，很不舒服。因為咳嗽是新症狀，心臟內科醫生慎重建議王女士去看胸腔內科。胸腔內科做完檢查，認為她有氣喘現象，就開了氣喘相關的藥，豈不知用了氣喘藥後，緊張現象有增無減。

　　這時，心臟科醫生為她開了抗焦慮的藥（贊安諾，Xanax）。

　　而胸腔內科醫生則說：「妳緊張什麼？放開心情出去玩玩，我開些放輕鬆的藥給妳吃就好！」也開了贊安諾，而且加了劑量，最後甚至建議：「去看看心理醫生好了！」

王女士緊張情況持續，來美之前還特別去看了神經內科，檢查沒事才敢成行。

　　我看病人的習慣，是先排除其他可能造成病症現象的可能，之後再專注於心理方面的評估、診斷與治療。王女士手邊沒有帶台灣病例，氣喘又屬免疫相關疾病，小心起見，我建議她約診去看免疫科醫生，也是我的同事。

　　幾星期後，王女士一反上次緊鎖的眉頭，興高彩烈地來到我的診所。

　　「妳知道嗎？」她說，「妳介紹的那個免疫科醫生，他先讓我做了些初步的檢查，再看了帶去的目前用藥，就直接問我：『你最近常感到緊張嗎？』」

　　「你怎麼知道？」我問他，

　　醫生沒回答，接著又問：「你心跳比以前快嗎？」，怎麼他都知道？

　　接著，免疫科醫生指著王女士一袋藥裡面的一小管氣喘藥瓶子說：「今天開始，你就停用這管藥，改用這管，每天早晚各一次。一星期後再來回診。」

王女士看著手中的兩管藥，除顏色和第一個英文字外，其形狀、大小都完全一樣。雖然有點納悶，還是很聽話遵照醫生指示做了。

　　一星期前的預約，很快就到了。王女士再次來見免疫科醫生。

　　這次醫生還沒開口，王女士就先笑著說：「醫生，我回去照你的話做，沒幾天就不再無緣無故地緊張了，而且心跳快的感覺也沒了，真好！」

是心臟病？氣喘？還是焦慮症？

　　我與免疫科的同事討論之後，再向王女士解釋，她的情況多半是由於氣喘症狀開始，而身體在得不到足夠氧氣時，心跳會更快速，以盡快補充氧氣。心臟科醫生謹慎行事，建議她至胸腔內科諮詢。於是胸腔內科開藥控制氣喘，但藥中類固醇的成分有造成心跳加速的副作用，因此感覺緊張，心跳快的症狀沒變。這時，由於心臟科與胸腔科醫生彼此沒有交流，各自針對心跳快下藥。結果就好像一個人因吃了興奮

劑而情緒亢奮，不但沒停止吃興奮劑，卻外加鎮靜劑來減緩亢奮症狀。

我們很高興能告訴王女士，她沒有焦慮症，心臟與血壓也控制良好。免疫科醫生認為她目前的情況，可以不再用含類固醇的藥。因此，給她新換的藥，可以控制症狀，卻不含類固醇成分。她高興之餘，搖搖頭說：

「我白受好多罪喔⋯⋯我一向都是很聽醫生的話，幾個月來，我莫名其妙地緊張。豈不曉得，醫生左手開的藥，副作用是會讓我緊張又心跳加快；當我把反應告訴醫生時，他右手卻又開出讓我吃了會放輕鬆的藥。我們當病人的真是何其無奈？」

肺｜功｜能｜小｜測｜驗｜1

試試你的肺功能？

快步爬兩層樓，能中間不休息嗎？

快步走五百公尺（約750步），能中途不休息嗎？

能做到上述兩者之一，你的肺功能應屬良好狀態。但若在進行途中，上氣不接下氣，或要停下休息，那麼可能你的肺在運作上欠佳，偶而或許是心臟的錯⋯⋯

我們建議您不定時做這項測驗，發現有負面改變時，都有可能是肺功能減低的前兆。一般來說，運動中急速喘氣，顯示內臟互動與運作上，不是在最佳狀況。

　　將你左右手同一支指頭，指甲對指甲靠在一起（如圖：中指對中指，或食指對食指），兩指之間，應看得見一小空隙；若是看不到，可能患有「杵狀指」（clubbed fingers），得要檢查肺、心臟和腸的功能，以判斷成因。這些相關的疾病，會造成小血管擴張，使得指甲下的組織膨脹。

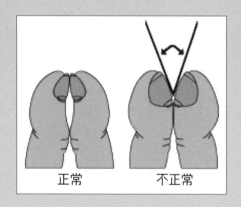

正常　　　　不正常

肺部與心臟的功能息息相關。肺是負責氧氣（吸取）與二氧化碳（排除）的交換，心臟則是負責運送氧氣和二氧化碳。運送功能若出了問題，細胞得不到氧氣，二氧化碳無法排出，細胞因此而損壞或導致死亡。若肺部交換功能出了問題，心臟就會加速循環，希望能將氧氣盡快運送到體內細胞。因之，心臟問題會造成肺部的症狀；肺部的問題，也同樣的會造成心臟功能的改變。

　　喘氣本身，不見得是件壞事。激烈運動時，或運動後，有些人覺得喘氣的感覺不錯。但若身體處於長期缺氧狀態，或是一口氣喘不過來，就會很難過了！生活中許多東西，失去後才感覺重要。呼吸是其中之一。呼吸順暢的人，難以想像呼吸困難時的痛苦，欲嚐此滋味者，不妨試著憋氣，到不能忍受想大大吸一口氣，屆時，如果吸不到氣，是什麼感覺？好在肺功能有問題，不見得都會造成這種極端的窒息感。但是當細胞無法充分獲得氧氣時，對身體其他器官會造成負面的影響。

　　肺部疾病是造成老化的因素之一。一般而言，肺部的老

化速度，比心臟還要快些。雖然心、肺、以及循環系統之間有極密切的關係，以至許多呼吸相關的症狀，是因心臟原因造成，但這些症狀也有很多卻是因肺本身引起。這篇肺的單元，係針對肺部症狀進行討論。

簡單來說，我們可以把肺想像成一個或是兩個（一左一右）海綿（像心臟一樣）。吸氣時膨脹，將身體所需要的氧帶進肺裡，吐氣的時候，把細胞所排的廢物（二氧化碳）呼出。氧氣的吸入與二氧化碳的呼出，皆靠血液的循環來運輸。因此，當肺功能有障礙，體內細胞得不到需要的氧氣，廢物又無法排出時，為了要加強氧氣的補充和二氧化碳的排除，心臟跳動的速度將會加快。任何阻礙氧氣與二氧化碳交換的因素，都會造成呼吸及心臟循環系統的症狀與疾病。

呼吸系統要注意的症狀

長期性咳嗽

咳嗽是呼吸系統的第一道防線。當外物侵入體內被保護良好的呼吸系統時，防禦系統即刻以咳嗽方式，將外侵物噴

出。因此，能咳嗽是好事！其實，急救人員現場幫助呼吸道哽塞病人時，視患者的劇烈咳嗽為好現象。若患者無法咳嗽，表示呼吸道已完全被阻塞，空氣無法進入。如果不能即時清除外物，患者不久將會不省人事。是非常緊急的狀況。

但持續三、四週以上長期性的咳嗽，則需要去看醫生，找出可能的原因。吸菸是造成長期咳嗽的主要原因之一。吸菸對於健康的負面影響，眾所皆知，就不在此細談了。非吸菸者中，持續咳嗽的原因九〇％是來自輕微的呼吸系統問題，如鼻水倒流、胃酸逆流、過敏或氣喘。有些治療高血壓或心臟病的藥物，也會造成咳嗽的副作用，如賴諾普利（lisinopril，商品名：生達佳心錠）、雷米普立（ramipril，商品名：心達舒錠）、依那普立（enalapril，商品名：悅您錠）等。

吐氣不暢通（Wheezing）

當肺裡細小的呼吸管道遭受刺激（如過敏），產生抽搐或收縮現象，造成吐氣困難而產生的聲音，稱為wheezing。

這種聲音，類似於咳久了，在咳嗽尾聲的聲音。有些人稱此為喘息聲，主要是吐氣時不順暢。造成這種現象的主要原因包括了氣喘、鼻水倒流以及支氣管炎。有些年紀大的人，心臟衰竭，也會造成因肺部積水而產生的吐氣不順。

喘不過氣來

喘不過氣，或呼吸急促的狀況，嚴重性可以有很大的不同，也因人而異。就算是體能極佳的人，在劇烈運動時，也會呼吸急促或喘不過氣。但有些人，從椅子站起來就會喘不過氣。體能越好的人，越能夠適應外在環境的需求，可以非常有效的運用氧氣及排除二氧化碳。因此，他們能夠承受劇烈運動，而不需急速呼吸的限度會比體能較差的人高。就如這篇開始的小測驗，喘不過氣是一種指標：每一個人都有極限，都會有喘不過氣來的時候；這個限度，和一個人的體能是成正比的——體能越好的人，越少喘不過氣。

日常保健提示

1. 經常練習深呼吸

　　剛出生的嬰兒及年紀小的孩子，都是自然用腹部呼吸。長大後，因為胸腔肌肉的發展，以及漸漸增加的壓力和壓力反應，讓許多人變得常用胸腔呼吸。試著平躺，把一隻手在胸部上，另一隻手放在腹部（肚臍下方）。當你自然吸氣時，是哪一隻手升起來？若是腹部，恭喜你，你是腹部呼吸者，對身體各方面都好。若是胸部，建議您慢慢學習腹部呼吸。吸氣要用鼻子，腹部應像氣球一樣鼓起來。習慣用胸部呼吸的人，剛開始可能不習慣，最好慢慢一天練習一到兩次開始，每次練習三到五次。這不只會幫助我們的呼吸更加有效，也對身體其他功能及壓力反應有正面的影響。

2. 盡量遠離汙染

　　除了要學習如何呼吸，也更要注意吸進來的東西。

可能範圍內，盡量避免吸入有害健康的空氣。吸菸的壞處，眾所皆知，不再多寫。值得一提的是，在吸菸的環境裏（二手菸）一小時，等於抽四支一手菸。其他的空氣汙染，包括戶外的交通，工廠，一氧化碳，及室內的黴菌，石棉，塵蟎等。這些汙染粒子極小，人體的呼吸系統無法過濾，會直接進入肺部深處。當免疫系統無法一一消滅時，就會造成發炎或氣喘現象。若難以避免長期處於汙染的空氣中，可以考慮使用空氣清潔機——天然與人為的皆可。

3. 空氣清潔機

現在市面上有各種空氣清潔機。並不須要太先進或複雜的，只要有基本過濾功能就好。芳香劑的功能也不是特別重要。事實上，大自然間也有些生來具有清潔空氣本能的自然清潔劑。美國太空總署做過一項研究，發現一

黃金葛

蔓綠絨

吊蘭

些植物，如 蔓綠絨、吊蘭、綠夢（黃金葛）等，都有去除空氣中污染分子以及造氧的功能。不妨家裡多養些可以清潔空氣的植物。既綠意盎然，對眼睛和心情都好，還能清潔空氣。

4. 飲食保健

一般有益健康的食物，對慢性肺病都有幫助，如水果、蔬菜、魚類、穀類等。維他命D，特別是D_3，對呼吸系統有益。雖然曬太陽可以促進身體製造維他命

D，但是在冬天，從陽光所得的維他命D時常不足。若要確定冬天的陽光是否足夠使身體產生維他命D，可以在正午時站在太陽下，如果影子比人短，表示陽光強度足以啟動身體產生維他命D。

如果你有氣喘，鎂（一種礦物質）的補充會有幫助，一天大約四百毫克。若你常常從肺咳出較濃的唾液，而不是從鼻子擤出，可以考慮補充 N-acetylcysteine。它有促進身體製造穀胱甘肽（glutathione）的功效，比直接食用穀胱甘肽有效。穀胱甘肽是體內自然製造的重要抗氧化劑（antioxidants）之一，有助於呼吸系統的維護。

■ 照顧長者的注意事項

1. 慢性阻塞性肺病（Chvonic Obstructive Pulmonany Diease, COPD）

　　這是一個大類型的現象，主要是吐氣時有困難，或是吐氣功能有問題。造成這種現象的原因有很多種，例如：肺氣腫、支氣管炎、氣喘等，但因抽菸而引起COPD的人占絕大多數。症狀包括喘不過氣來，頻繁咳嗽，咳嗽常有黏液或痰。這現象通常是長時間慢慢形成的。病人往往不自覺，等到另外的疾病加重呼吸系統的負擔時才會注意到，如感冒後。有時候有慢性阻塞性肺病的人會有桶形的胸腔（barrel chest，如圖），因為排氣（呼出）有困難。診斷此症狀的方式有許多種。最常用的是肺量圖（spirogram），測量肺內部的空氣，以及將氣呼出的速度。肺部的X光和抽血，測量血液中的酸、氧氣、及二氧化碳成分，也可以用為診斷工具。

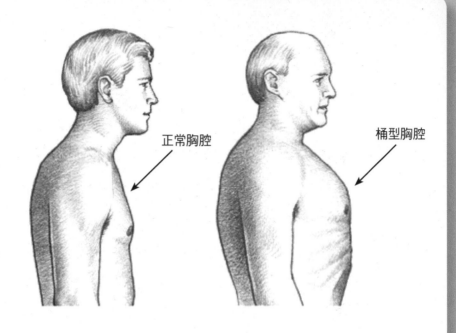

正常胸腔

桶型胸腔

2. 氣喘

　　氣喘發作是呼吸道因過敏反應而痙攣及緊縮。六十五歲以上的人，大約有十％有氣喘。氣喘與慢性阻塞性肺病的差別在於氣喘是暫時性的。氣喘，在不發作或發作過後，呼吸系統的功能大屬正常。只有在氣喘發作時，才有症狀。慢性阻塞性肺病的症狀是長期性的，沒有發作或發作前後的差別。但氣喘嚴重

時，若沒有藥物治療，是會致命的。

3. 阻塞性睡眠呼吸暫停

在年長者裡，與睡眠相關的呼吸系統症狀是相當普遍的。阻塞性睡眠呼吸暫停，是在睡覺時暫停呼吸。大多時候，是因為喉嚨後面的組織（例如舌頭後面）下墜，塞住呼吸道，造成暫時停止呼吸。有類似症狀的人，通常會打鼾厲害，並不自覺呼吸暫時停止。呼吸停止後，大腦馬上發出警報，造成改變睡姿，清除呼吸道等的下意識反應。在睡覺時，雖然不會因此完全清醒，卻會影響睡眠品質。患者常會覺得睡不好，精神差。但大部分人都沒有經過正式診斷。正式診斷阻塞性睡眠呼吸暫停，通常是要到睡眠中心去睡一夜。患者整夜的呼吸及腦電波都會被錄下來，顯示夜間呼吸停止的頻率和持續時間。一般四十歲以上，體重過重，及習慣平躺著睡覺的男士，比較會有類似症狀。

4. 肺部纖維化

肺部纖維化是因肺部有疤痕形成，造成氧氣供給上的問題。肺部細胞因纖維化而厚度增加，不能再有效供應氧氣。常見症狀包括接不上氣，沒力氣，長期性乾咳，胸部不適，體重及胃口減低等。症狀雖是逐漸發展，卻是逐漸嚴重。肺部纖維化可能在任何年齡發生，但大多在四十—六十歲之間。診斷方式有肺功能、血液中氧氣成分、肺切片、及「洗肺」（lung washes——將少量鹽水放進肺裡，再抽出進行檢驗）檢查。

5. 肺血栓栓塞症

人體內的血液結塊，就是血栓。若從身體其他地方（如腿靜脈）流入肺裡，阻塞肺部血管，肺部細胞因此而死亡，就是肺血栓栓塞症。這狀況是會喪命的。六十五歲以上的人發生率較頻繁。得過肺血栓栓塞症的人，十％會再度經歷這狀況。症狀包括突發性胸口

痛（通常是尖銳性的痛），深呼吸時疼痛會增加，有時咳嗽會有血。這些症狀與心臟病相似。兩者都相當嚴重。因此如果有這些症狀出現時應立刻就醫檢查。診斷方式有電腦斷層掃描及血管造影等。

6. 肺吸入外物

口中的固體或液體進入呼吸道及肺部，會造成許多嚴重問題。大部分的人都有被嗆到的經歷。進入氣管及肺部的東西，多帶有口中或其他外來病菌。身體的免疫系統通常會防止這些細菌造成肺部發炎。但在身體虛弱或外來物太多時，將會導致肺的發炎。症狀有時不很明顯，可能包括呼吸急促，發燒，吐氣不暢通（wheezing），或晚間性呼吸不順。睡覺時將頭部稍微墊高，保持口腔衛生，以及吃或喝東西時避免說話，是一些可以預防吸入外物的措施。

安眠不用藥

　　二十六歲的麥可，是剛自倫敦調到紐約公司的股票分析師。從大學開始，就常被焦慮症困擾。工作後，每當到實地考察，或向客戶做簡報時，都非常緊張。

　　上個月，他第一次對上百個股票操作員簡報，有些是現場面對面，有些是視訊，也有些是經由電話連線。緊張、心跳加快和口乾舌燥，都不是第一次經歷，但這一次，他才開口不到一分鐘，就感覺喉嚨收緊，胸口有壓迫感，以及暈眩。他發現自己張口卻出不了聲，全身汗如雨下，腳一軟，就倒下來了，周圍的人看到這狀況，立刻打九一一，將他送到醫院。

　　我見到麥可，並不是在救護車上，而是在我的診所裡。雖然冷氣充足，但當他將事發當天的細節緩緩道來時，仍心有餘悸，汗流浹背。在過去的一個月裡，醫生替他做了詳盡的檢查，確認他身體健康無恙後，才找到我這裡來。經我詳

細問診、諮詢他的家庭和心臟科醫生後，診斷他患的是恐慌症。

　　恐慌症是焦慮症的一種。目前到我診所的病人中，最普遍的就是焦慮和憂鬱症，各種職業和年齡層的人都有。有焦慮症的人，最常抱怨的是睡眠問題，而有憂鬱症的人，雖然他們不常抱怨，也仍與睡眠脫不了關係。

　　麥可也不例外，才二十六歲的他，經歷過各式各樣的睡眠問題：上床後無法入睡、半夜或清晨醒來後再也睡不著、閒時打瞌睡、白天愛睏等等。

　　美國大約每五個人裏，就有一個每晚睡不到六小時，因此，睡眠問題並不是老年人的專利，雖然年紀大後，會經歷這些問題的可能性會比較高一些。

睡｜眠｜品｜質｜小｜測｜驗

看看下面哪幾項是形容你的？

—上床後30分鐘後才能入睡

—太早醒來，無法再入睡

—經常睡了7-8小時醒來還覺得疲倦

—白天常覺睏倦。一有機會，5分鐘內就睡著

—經常在白天，或不該睡覺時睡著

—床伴抱怨你的呼聲太大、肢體過動、暫停呼吸

—睡覺時感覺腿部不適，需要活動或按摩才會比較舒服

—快要睡著或打瞌睡時有非常生動的夢

—情緒激動時（包括大笑、被嚇，或憤怒）肌肉會忽然失控，像手上的東西會掉下，腿忽然無力等

—醒來覺得身體無法動彈

—常需一些提神劑，幫助你腦筋清醒、有精神，包括咖啡、茶或其他藥物

若常有以上任何一項情況，你的睡眠品質就有待改善。

睡眠有多重要？除了影響生活品質外，對健康或老化有何實質影響？各項研究結果顯示：

　　• 人若沒有睡眠，會比沒有食物死得還快。

　　• 實驗室裡一群二十多歲，身體健康的年輕人，在每天只有四小時的睡眠下，連續六天後，血糖測驗結果與糖尿病患者不相上下，而在思考和反應上的表現結果，看起來則像六十多歲的人，一點都不像實驗剛開始時，身體健康的年輕人。

　　• 每晚睡不到六小時的人，得心臟疾病，中風，感染濾過性病毒的機率比其他人多五〇％。

　　• 睡眠時數及品質會影響記憶力及學習能力。

　　• 睡眠不足會影響新陳代謝和胃口，體重增加。

　　• 睡眠不足會減低免疫系統功能，充足的睡眠有助於抵抗癌症。

　　• 睡眠不足易導致意外與人際關係和決定上的誤差。估計在美國每年就有至少十萬起的車禍，係因駕駛者開車時精神欠佳。

● 睡眠不足會造成心理狀態不佳，包括憂鬱症和其他情感性精神疾病。

那麼到底一天需要幾小時的睡眠呢？答案是因人而異，且年齡不同也不一樣。下面是不同年齡階段每天大約所需的睡眠時數：

年齡	小時
< 1	16—20
1—4	11—12
5—12	10—12
13—17	9—10
18+	7—9

好的睡眠品質和所需時數，決定於睡眠時間和個人身體晝夜節律的配合。每個人的晝夜節律都不同，有些人天生就是「夜貓子」，也有人每天天還沒亮就自然醒來。人體的晝夜節律以二十四小時計算，跟著地球轉的節奏，是一種自然由白晝轉入黑夜，再從黑夜進入天明的規律。晝夜節奏的顯示方式有幾種，其中包括體溫及褪黑激素。

褪黑激素是一種體內分泌的荷爾蒙，功能之一是控制睡眠。這荷爾蒙的分泌與調整是由大腦控制，主要是受日光影響，白天時，身體幾乎不會分泌褪黑激素。一天當中體溫最高與最低點，標示身體的晝、夜點。同樣的，褪黑激素的最高與最低點，也顯示身體的夜、晝點。也就是說，身體在白天最有精力的時候，是體溫最高、褪黑激素最低的時候。相反的，身體在晚上是最沒精力、最該休息的時候，也是體溫最低，褪黑激素最高的時候。

　　以睡眠來說，最理想的狀況是在睡著約六小時後體溫降到一天當中最低點，同時是體內褪黑激素濃度達到一天當中最高點。例如，如果你一天當中體溫最低點是凌晨五點左右（通常這時候會感覺冷，甚至伸手去抓被子蓋），假設這也是你褪黑激素達到最濃的時候，那你的最佳睡覺時間就是凌晨五點前六小時，也就是晚上十一點。這表示依個人睡前活動慣例而定（有些人睡前除了刷牙洗臉外，還有其他要做的事，如要敷臉、泡腳等），大約在十到十點半之間準備睡覺最為恰當。

常見的睡眠問題

失眠症（Insomnia）

在沒有被外界環境騷擾的情況下（如噪音或其他干擾），有困難入睡、持續睡眠（入睡後頻頻醒來，或醒來再也睡不著），或是睡醒後仍感疲憊，都是失眠症的症狀。長期性失眠，是指一星期中有類似症狀至少三天，而且持續一個月以上。就算造成這些症狀的原因是壓力或焦慮，還是屬於失眠症，只是因其成因不同，治療的方式也不一樣。

大多數的失眠症是由其他因素造成的，如藥物副作用、心理因素，或不健康的睡眠習慣等。年紀大的人，失眠原因常是因其他疾病的緣故而引起，如風濕症、氣喘、帕金森氏症等。安眠藥在美國是醫生所開最普遍的處方，也是銷售最好的處方藥品之一，但安眠藥是抑制中樞神經活動，使身體進入睡眠狀態，有許多其他副作用，終就比不上自然睡眠。目前失眠症大多係綜合心理及藥物治療最為有效。

睡眠呼吸中止症（Sleep Apnea）

睡眠呼吸中止症，類似阻塞性睡眠呼吸暫停。入睡後的短暫呼吸停止，大多由於上呼吸道阻塞，導致打斷正常睡眠。當呼吸停止，血液中的氧氣下降，是危險的狀況，促使大腦拉警鈴，打斷睡眠，叫醒身體去回復正常呼吸。每次呼吸可能停止十至二十秒，一個晚上下來，可能停止二十至三十次之多。雖然大部分的人並不自覺，也記不得晚上被吵醒這麼多次，睡眠卻不停地被擾亂。非僅如此，因大腦不斷拉警鈴，體內頻繁經歷氧氣不足，身體會自然分泌壓力荷爾蒙，造成血壓升高、心跳加快，增加得心臟相關疾病的危險。同時，新陳代謝也將因此被影響，造成血糖、體重，以及胃口失調方面問題。

任何人都可能有睡眠呼吸中止症。在美國，估計有一千兩百到一千八百萬人有睡眠呼吸中止症，與患氣喘的人數幾乎不相上下，男性的比例比女性多，年紀大的人也比年輕人機率大。估計得睡眠呼吸中止症的人，約有一半自己都不知情，通常是由同床伴侶先發現，再去檢查的。一旦檢查出

來，有不同的治療方式可以考慮。若是懷疑有此症狀，可以開始寫睡眠日記，至少二至四週（可以參考範例）。

不寧腿（不安腿）症候群（restless leg syndrome）

睡覺時感覺腿部，特別是小腿，不舒服，有麻麻、刺刺的感覺，需動一動或按摩一下才感覺好些。這些不適與腿部活動會妨礙睡眠，有些研究顯示，六十歲以上患失眠症的人中，三分之一有不寧腿症候群。症狀有時也會在躺下，或持續坐姿不變後產生，但大多在晚上最為明顯。造成此症候群的原因目前仍然不明，因此沒有根治方式；治療方向以控制症狀為主。

猝睡症（Narcolepsy）

這是一種神經性疾病，會使人在白天，或是本來醒著的狀態下，忽然進入深層睡眠。本來在講話或吃飯吃到一半的人，會忽然睡著，甚至打呼。猝睡症常常也與以下症狀同時發生：

- 肌肉鬆懈（Cataplexy），會造成類似忽然昏倒的狀況。有時劇烈情緒亦會引起肌肉鬆懈的症狀，通常只持續幾秒或幾分鐘。
- 幻覺（Hallucination），在剛睡著或醒來時，會有非常生動，類似幻覺的夢。
- 睡眠麻痺（Sleep paralysis），剛睡著或醒來時，身體有動彈不得的感覺。

猝睡症也沒有根治方式，目前藥物針對控制症狀為主。

日常保健提示

1. 償還睡眠債

人體有自然掌管晝夜及睡眠需求的機制。無聊，不像很多人想像的，會讓人睡覺，睡夠了，很無聊也不會再睡，若是常在不該，或不想睡的時候睡著了，就該注意了。因此，我常告訴學生，若是上課打瞌睡，別怪我上課無聊，趕快回家去償還睡眠債！當我們沒有給身體所需的睡眠，就算是幾分鐘或幾小時，都會開始累積睡眠的債務。這個債務，還得有償還期限，若是長期累積下來，就算想還，也是很難。

假設一個人每晚所需的睡眠是八小時，這星期中，星期二因趕報告，只睡了五小時（差三小時），星期五晚又因應酬，只睡了六小時（差二小時），其他天數則每晚睡足了所需要的八小時，那麼這星期累積的債務就是五小時。這時候，我們建議在週末，不要一次將五小時補足（如睡十三小時），而是分成兩天來補（如星期六睡十小時，星期天再睡十一小時）。

每個人的身體狀況不同。重要的是要讓身體回復自然運作。欲補睡眠時段，睏了就趕快去睡，早上也不要預設鬧鐘，盡量不被吵而自然醒，身體就能依其所需，慢慢補回來。可想而知，睡眠債若欠多，欠久，不太可能在短時間內補回（就算一天睡二十四小時也來不及）。請切記，累積的睡眠債，要「補」，才能還，不是僅恢復原來所需的睡眠時數就可以的。

實驗顯示，讓年輕人連續六天只睡四小時，測驗結束後，再讓他每晚睡八小時，持續四天後，身體和精神各方面的表現，都還是沒法恢復到實驗前的程度。因為如果他平時所需的睡眠是八小時，想要補睡眠，就得睡到八小時以上才行。其實，等到週末來補週間的睡眠債，也不是很理想，最好隔天就補。以剛才的例子來說，星期二所欠的三小時，很快就會影響星期四和星期五的各項運作了，不用等到週末。而且，萬一週末安排不好，晚睡晚起，反而打亂了平常的睡眠規律，會讓星期天晚上很難按時睡覺，星期一早上起

床更困難，導致身體無法回復穩定運作。

2. 午睡

基本上這對身體與精神都有益處的，但要注意的是：

★午睡並無法有效償還睡眠債。午覺睡得太長，或睡得時間太晚，反而會影響晚上主要睡眠品質。

★午睡時間不要超過一小時。

★盡量不要在下午三點以後。

3. 運動

運動可以幫助睡眠，但運動的時段很重要。一般來說，下午四至六點是最適合運動的時段，有助於晚上睡眠。要盡量避免晚間運動，研究顯示，晚間運動可能延遲晚間褪黑激素的釋放。但每個人的狀況都不一樣，花些時間試著找出適合自己的時段和方式，才是最重要的。

4. 床邊放紙筆

　　許多人一躺上床，就經歷思緒飛快轉動，沒法安靜下來。試著在床邊放些紙筆。若想到明天要做的事、怕忘的事，開燈把它們寫下來，然後告訴自己：已經把這些擔憂，都放在紙上了，不會忘記，所以可以放下，休息了。

5. 幫助睡眠的方法

★保持固定睡眠及起床時間。

★選擇白天做有氧運動，避免晚間做劇烈運動。

★避免咖啡因和尼古丁（吸菸）。

★避免晚間吃大餐。

★避免下午三點後睡午覺。

★留些時間睡前放輕鬆。

★睡前洗熱水澡。記得身體的畫夜節律嗎？褪黑激素與體溫都與睡眠有關，體溫降低容易讓身體入睡。熱水澡提升體溫，洗完後上床，體溫開始下降，有

助於入睡。

★ 保持良好的睡眠環境，不要在周圍放容易使你分心的東西，譬如開著的電腦、電視、某種音樂等。保持室內黑暗，溫度稍低，也有助於睡眠。

★ 每天至少接受三十至六十分鐘的日光，或強烈亮光。日光與黑暗是控制褪黑激素釋放的重要因素。最好早上一起床，就得到充足日光，更要在一天當中，持續暴露在自然日光（或強烈亮光）下至少三十分鐘。

★ 上床後如果二十分鐘無法入睡，不要繼續躺在床上。起床走一走，做些平常不太想做，又不需太專注的事，如洗碗、清潔，或稍微整理環境等。

■ 照顧長者的注意事項

1. 睡前盡量不喝水

白天充分補充水分，晚上睡前兩小時內盡量不要喝水。如果感覺口渴，可用漱口方式潤口。睡前喝太多水，晚上容易因起身上廁所而打斷睡眠。

2. 保持環境安靜

年紀大後，一時較難進入深層睡眠，容易被驚醒。同床伴侶睡覺時若會打呼，可以考慮分床，甚至分房睡，以增進雙方睡眠品質。

3. 藥物副作用

與藥劑師或醫師確認目前所服用藥物，是否有造成睡眠困擾的副作用。有些藥物是可以避免於晚間服用，或有時可以更換其他較無這種副作用的藥物。

4. 注意夜間安全

★在廁所內，以及從床到廁所的路上安裝夜間小燈。

★在床頭裝設電話，以及貼上緊急時所需電話號碼。

★避免在床與廁所之間的走道上，放置任何容易絆倒的物品。

睡眠日記範例

日期	星期一 （8/22/2011）	星期二 （8/23/2011）
早上填寫 上床時間	11:00pm	9:00p
上床後多久睡著	30 分鐘	10分鐘
一夜睡眠時數	5小時	7小時
一夜醒來次數	3	1
一夜清醒總時數	3 小時	15 分鐘
用藥幫助睡眠	無	史蒂諾斯 10mg
早晨醒來時感覺： 1. 完全清醒 2. 清醒，但有些累 3. 還想睡	3	2
傍晚填寫 喝有咖啡因飲料次數及時間	可樂1杯， 5p	綠茶1杯， 3p
午睡時數及時間	3p， 1小時	5p， 30分鐘
喝有酒精成分飲料次數及時間	紅酒兩杯，8p	無
運動時段及時間	無	5p， 20 分鐘
白天感覺： 1. 睏到不行 2. 有點累 3. 大致都很清醒 4. 非常清醒	2	2

最精湛的防衛部隊

接到九一一派遣中心的呼叫，救護車立即按址前往。一路上派遣中心繼續提供相關資訊，患者為愛滋病末期的病人，目前居住於專門照顧愛滋病患的機構。

到達目的地，我們除了戴平常使用的手套外，進入病房前，還要戴上口罩，穿件外袍。如此全副武裝，保護的是誰？大家或許都知道，愛滋病患者所感染的HIV（Human Immunodeficiency Virus）病毒是經由血液或體液傳染，並非由空氣或接觸傳染，與HIV患者交談或接觸，在正常情況下是不會有被感染的危險。之所以戴口罩和穿外袍，為的是要保護幾乎已經沒有免疫能力的愛滋病患，因為病患周圍人所帶的任何細菌，都將會對患者造成生命的威脅。

平時周邊的人打了一個噴嚏，多數人都不以為意。然而小小一個噴嚏，可以以時速一一二至一六一公里的速度（比許多高速公路上的飛車還快），將二〇〇〇到五〇〇〇滴裝

免｜疫｜功｜能｜小｜測｜驗

出門旅行時，注意自己是否比同行的人容易生病？

旅行在外，常讓身體暴露於平時沒接觸過的元素或病菌，若發現自己比別人較易生病，或病起來比別人嚴重，表示你的免疫系統有待加強。

滿細菌的水滴，散播於四周。免疫力極弱的人，對此可是招架不住的！

在我們身邊，每天都不免接觸到各式各樣的細菌、病毒、寄生蟲，以及其他會侵入，占領人體系統的外物。要靠著免疫系統才能防範這些外來的入侵者。細菌最常侵入人體的入口處，不外乎經由皮膚、呼吸道和食物。所以，我們身體免疫力集中的器官，包括皮膚、肺，以及腸胃。除了防範病菌的侵入，免疫系統也需要具備分辨敵、我的能力。並非所有細菌都是有害人體的，許多有益人體的好細菌，不僅常駐於體內幫助消化，更有益於控制血壓，降低壞膽固醇和增進免疫力。因此，一旦免疫系統失調，除了抵抗力降低以外，也有造成誤敵為友（像無法達成殺死癌細胞的任務），或誤友為敵（如風濕性關節炎或過敏反應）的情況出現。

近年來研究顯示，迷走神經（vagus nerve）在防禦過程中扮演著相當重要的角色。正如其名，迷走神經為腦神經中最長及分佈最廣的神經，通過大腦，經由心臟，進入腹部，遍佈身體內臟。八五％的迷走神經，負責將身體各處訊息傳

給大腦，一五％負責把訊息從大腦傳送出去。大腦倚賴迷走神經監控身體狀況。在傳遞訊息的過程中，有許多類似檢查站的地方，一旦有外來物侵犯，迷走神經會立刻警示大腦，啟動免疫功能。當身體虛弱，壓力大時，這條傳達重要訊息的神經高速公路，會有擁塞的情況出現。太多雜音使大腦發出警報，產生強烈免疫反應，造成體內發炎（發炎本身也是免疫反應之一）。許多反應強以致命，如敗血症和休克等。

免疫系統中的另外重要角色，包括輔助性T細胞與B細胞。這些白血球負責直接攻擊外來侵犯者，有如特種部隊，一旦確認入侵者種類，T細胞就促使B細胞大量複製專門對付個別病菌的白血球來攻擊病菌。成功消滅病菌後，因身體資源無法持續供給這麼多特種部隊，所以，除了留下一些樣本，防止以後同樣病菌再次侵入時，可以快速複製對抗的白血球外，這些細胞在打完仗後，就自動毀滅了，稱為細胞自殺（apoptosis）。

日常保健提示

1. 唱歌

研究顯示唱歌對身心都有好處。常常唱歌可以增進免疫功能，減少看醫生的次數！

2. 開懷大笑

研究顯示，負責消滅腫瘤及濾過性病毒的自然殺手細胞（natural killer cell），會在大笑時增加。不只如此，T和B細胞也會增加，血壓會降低，血液中的氧氣成分和肺活量也都會增加。開懷大笑，對身心健康實在是益處多多！

3. 冥想

不是每一個人都可以很快習慣冥想，或打坐。不需要勉強。若有興趣，慢慢去了解，嘗試，才不會給自己不必要的壓力。目前美國有越來越多人練習內觀法（mindfulness），類似冥想或打坐。我在治療病人時，也經常使用內觀基礎的心理治療，這些會在心理

篇有較詳細的討論。在免疫方面，前面提到的迷走神經，當其負荷過重，或超載時，冥想、內觀，或打坐，有助於緩和經由迷走神經傳入大腦的各項雜音，避免大腦下令免疫系統過度反應。

4. 飲食保健

有助於免疫功能的食物包括：

★香菇（Shijtake）─會增加自然殺手細胞。

★十字花科的蔬菜（cruciferous vegetables），如捲心菜（cabage）、花椰菜（brroccoli）和球芽甘藍（brussels sprouts）等。

★可可和咖啡─有抗氧化功能。

★綠茶─含有兒茶素（catechins）。

★Omega-3 脂肪酸─橄欖油、酪梨、魚油等。

★槲皮素（Quercetin）─洋蔥、番茄、大蒜、蘋果等。

★番茄紅素（Lycopene）─番茄、紅柚等。

★薑。

★紅葡萄，或適量紅葡萄酒—含有白藜蘆醇
（resveratrol）。

★益生菌（Probiotics）—對腸胃免疫功能有幫助。
含益生菌高的食物有味增、納豆、酸奶、韓國泡
菜、豆豉、德國酸白菜，等。但是，益生菌一般
在人體腸胃裡不易生存，剛開始吃含高量益生菌
食物的時候，最好同時或先吃一段時間含益生元
（prebiotics）的食物。益生元是含高纖維的食物，
可以幫助益生菌在腸胃裡生存。含高成分益生元的
食物包括香蕉、蘆筍、大蒜、小麥、大麥、燕麥、
番茄、洋蔥、亞麻籽等。注意廠商或自己在處理
食物過程時，不要消滅了益生菌，如巴氏殺菌法
（pasteurization）。

照顧長者的注意事項

成長過程中，生理上許多變化之一的是胸腺（Thymus）。之前提到的T細胞，就是由胸腺製造及輸出的，胸腺是免疫系統中重要的一環。孩童時，人的胸腺占人體內頗大空間，慢慢從青少年開始，胸腺就逐漸萎縮；到中年時，胸腺縮小到只有原先十五％的大小。原因可能是人小時候，很容易將身體暴露於各種細菌及外來物的環境中，需要很快製造許多不同種類的白血球（抗體）來對抗。到年紀漸長後，身體已經儲備了許多抗體樣本，也就不那麼需要胸腺來快速及大量製造新的抗體了。但老化的過程又會使T細胞功能減退，因此，相同數目的T細胞，在年輕時比年老時功用要大，能更有效打勝仗。

因免疫力減退，打預防針對長者特別重要。美國老年協會組織建議的預防針為：

★流行性感冒菌疫苗（每年）。

★肺炎疫苗。

★帶狀皰疹疫苗。

★破傷風疫苗（每十年）。

　在接受疫苗前，請先詢問醫生指示。過去對疫苗有過敏反應的人，更要特別小心，需要經醫護人員許可後才考慮接受疫苗。

思想的發源地：大腦

　　人的核心，到底是大腦還是心臟？無論答案如何，可以確定的是，我們目前對大腦的了解，遠遠不如對心臟的知識來得多。大腦，是身體中最複雜的器官，也是生理與心裡最大的交接點，因此，本書分別在身體與心理篇，都會有所探討。一談到大腦，許多人最擔心的，不外乎是阿茲海默症（Alzheimer's Disease）。阿茲海默症（俗稱老年痴呆症）是失智症（Dementia）的一種，也是我與老年科、精神科，與神經內科會診時最常處理的病情。因此，測驗後也會簡單介紹一下。

腦｜力｜敏｜銳｜度｜小｜測｜驗

以下測驗請做兩次，將兩次的分數平均，再參考答案。

—找一個幫手幫你計時

—拿一支筆

—從左到右，由上到下

—盡量在最快的時間內，劃掉所有的 H

—算出你花了多少時間？

GCHC F ANA BHD FDHEGHEHNEDBNA F BHGCHDE

BGAHECHN FGNB A BDCACEGH FH FHDN HBCE

BDNEHGNH FGAC FNCHDE AHAGFDBHA BCE FHDANHC

FGDHA EHBNCHGDGFNEHB E BDHCACHD FGF AHNE B

EHNHNGBGDA FHCEHD FHE AGHGCBNBNCAHD F BNE AH

FDGHC

再做一次，劃掉所有的 H。總共花多少時間？

GCHC F ANA BHD FDHEGHEHNEDBNA F BHGCHDE

BGAHECHN FGNB A BDCACEGH FH FHDN HBCE

BDNEHGNH FGAC FNCHDE AHAGFDBHA BCE FHDANHC

FGDHA EHBNCHGDGFNEHB E BDHCACHD FGF AHNE B

EHNHNGBGDA FHCEHD FHE AGHGCBNBNCAHD F BNE AH

FDGHC

答案：

　　算出你畫掉的 H，一共有多少個？ 答案應該是 36。

　　參考以下的平均時間統計，你與同年齡層的人，平均時間和
錯誤率差不多嗎？

年齡	平均時間（秒）	有幾個沒畫掉的H
< 30	40	1
30-45	41	1
45-50	42	2
50-55	43	2
55-60	44	2

年齡	平均時間（秒）	有幾個沒畫掉的H
60-65	46	2
66-70	46	2
71-75	47	3
76-80	50	3
81-85	51	3
86-90	52	2
91-95	53	2

阿茲海默症是什麼？

　　失智症的主要症狀是認知功能減退，包括記憶力受損。目前在美國，大約有六○％到八○％的失智症案例是阿茲海默症。阿茲海默症一詞是在一九○六年第一次正式出現於文獻中，一名德國神經科醫生（也是病理學家）——愛羅斯·阿茲海默（Alois Alzheimer）在解剖一名生前患有失憶症，而且言語及行為異常的病人時，發現他腦部有成塊狀的蛋白質（beta-amyloid plaques）與一團團糾纏在一起的神經纖維質（neurofibrillary tangles），這些就是阿茲海默症的標準症狀。目前美國大約有五百一十萬人患有阿茲茲海默症，為全美第六項死亡原因，也是六十五歲以上老年人第五項的死亡原因。阿茲海默症以及其他失智症的醫療相關花費，每年約一千四百八十億美元。

　　屆至目前為止，沒有任何檢驗或測試，可以絕對診斷出阿茲海默症。唯一能百分百斷定的方式，是死亡後解剖腦部。雖然新的科技有助於進一步檢驗腦部，如正電子射出斷層掃描（PET）、腦脊液分析（CSF analysis），或核磁共

振（MRI）等，但仍未能藉由儀器做出最終的診斷。因此，主要診斷方式是經由臨床測驗及問診，係由神經內科、精神科，或臨床心理醫生來做診斷。阿茲海默症的症狀是漸進的，一開始影響思想、記憶，以及語言能力，到後來會造成性格改變與喪失所有自主能力，需要全時間看護。大部分的案例在六十到六十五歲後才開始有症狀，少數案例顯示早期發病的也有在三十到五十歲之間開始。目前沒有任何藥物或治療方式可減緩疾病的惡化，但有藥物可以減輕其症狀（例如末期癌症患者的疼痛可以減輕，但病症沒法治療），幫助延長自我照顧的時間。

日常保健提示

　　雖然目前研究尚未顯示任何明確的方向可以預防失智症，但仍有些研究案例開始顯示可能的預防方式。大腦，是人體中最花費能量的器官，需要大量的氧氣與糖分，才能保持運作。一些有益於腦部的元素：

★多元不飽和脂肪植物油（polyunsaturated vegetable oil）

★單元不飽和脂肪油（mono-unsaturated oil），特別是在橄欖油中的油酸

★Omega-3油

★維他命D

★維他命B$_{12}$

★葉酸

★蔬菜、水果（含高單位抗氧化因子）

★薑黃，含薑黃素，是咖哩的主要成分

★多用大腦──常聽人說打麻將對大腦好，會幫助記憶，或許真是有跡可循。倒不一定要打麻將，閱讀、玩遊戲、玩樂器，甚至跳舞等，都對腦部運動

有幫助。常常保持腦部靈活，有如身體運動一般，有益於腦部保健。

　避免：

★ 反式脂肪（trans fat）

★ 讓自己感到孤獨、寂寞：每一個人所需要的人際互動不同。有些人有一堆朋友也不夠，有些人能有一、兩個親近的人，就別無所求了。其實主觀的感受是重點，不管你周圍有多少人，長時間感到孤單或寂寞，是有害身心健康的。

■ 照顧長者的注意事項

　　照顧患阿茲海默症長者的壓力極大，而且非常耗費時間與身心資源，更不用說看著所關心的家人，日漸消逝的無奈與煎熬。在心理篇裡會有較詳細的討論。

誰才應該是專家？

　　傑克森是我研究所健康心理學的教授，我們都以「老教授」來尊稱他，每次上課時他都神采奕奕，幽默風趣。有天上課時，他一反往常的神情，嚴肅地告訴我們，他羅患了胃癌。醫生估計他的生命大約只剩三到六個月的時間。當時全班鴉雀無聲，不確定，是否聽錯？也不知該如何回應。接著老教授說：那是八年以前的事！他以自己為例，來解釋人的複雜，身、心與環境互動，都會對健康有不同影響。

　　怎麼會這樣？醫生不是專家嗎？怎麼會誤差如此之大？

我們可曾想過，醫生是哪一方面的專家？是疾病專家，還是你身體的專家？目前科技發達，醫療研究在近幾十年來也突飛猛進，但哪位專家敢擔保哪種疾病，會在哪個人身上，會怎麼發展，如何演變？拿普通的心臟病來說，醫學對人體心臟已經有相當的了解，可是仍然不能準確預測誰，會在什麼時候心臟病發，就連心臟病發時的典型症狀（胸口痛、呼吸困難、噁心等），也會因人而異，所以無法預測。有些人心臟病發時，毫無外在跡象可尋，看起來都好好的！

人體的構造非常奧妙，身體、心靈、環境，與家庭、社會之間的互動，造成每個人獨一無二的個體。就連身體最基本的功能之一──心跳，也不可能大家都一樣的。雖然在醫學上有設定大約的規範，一般人正常的心跳頻率每分鐘應該在六十到一百之間，有許多人的正常心跳卻在這範圍以外。有些運動員因長期訓練，心臟非常有效率地運輸血液，平常心跳可能每分鐘在四十到六十之間。試想，一個專家，在面對一位平時心跳每分鐘只有四十下的人，該如何決定這症狀是否反映著疾病，是否需要治療？專家需要更多的資訊，去

了解這一個獨一無二的人。

　　在我做緊急救護時，有機會見到各種「反常」的例子，讓我學習到尊重每個人的獨特性，也盡量避免亂下斷語。在自己的診所裡，我也養成了倚仗坐在我對面的「他自己的專家」，來做診斷及治療。因為，沒有一個醫生能夠百分之百了解病人的身體、心理、家庭、環境及任何其他狀況，最了解我們身體的還是自己。雖然耐心傾聽以及詢問病患，蒐集資料，是醫生的職責，但提供有關的資訊給醫生做診斷，則是病人的責任。

看醫生的注意事項

1. 寫病症日誌

　　既然我們是自己的健康專家，就該盡量提供正確訊息給醫生做判斷。之所以建議要寫日誌，是因為我們的記憶經常不是很準確。人的記憶，不比錄影機，要回想時倒帶一下，就可毫無差錯地重播一遍。記憶其實很脆弱，會受很多因素影響，因此，若要有正確資料，最好是盡量即時記錄。我們

建議的紀錄大約持續一星期左右即可。從日誌中可以摘要告訴醫生。以下是一範例：

主要症狀：咳嗽。

其他症狀：有時感覺喘不過氣來，也會造成睡不好覺。

頻率：平均每天至少五次，但有時一整天都沒有。

持續時間：每次咳嗽會持續幾秒鐘到一分鐘不等。

使症狀變好或變壞因素：吸入冷空氣會變壞，喝熱水、吸蒸氣，好像會好些。

有何自我治療：每天吃川貝枇杷膏，還有咳嗽糖，但好像沒什麼有特別幫助。

每次有症狀就寫下筆記，同時可以發現，一天中是否有特定時間症狀較嚴重，與飲食或壓力有無關係等特定模式，都相當有助於醫生的診斷及治療。

2. 隨身攜帶藥單

現代社會用藥普遍，幾乎每次看醫生，就拿回好幾袋藥。問題是大部分的醫生，就算是同一家醫院，也不見得容

易看到病人的完整資料，知道每個病人在吃哪些藥，劑量又是多少。因此，我們建議每個看醫生的人，隨身攜帶平常使用的藥單，其中都包括：

藥名

劑量

一天幾次

從何時開始

有無任何過敏

緊急狀況下，這份藥單還可能救人一命呢！平常看醫生時，若能主動將資訊告知，也會幫助治療，減少不同藥品間的相互影響，降低造成副作用的可能率。

3. 寫下要詢問的問題

若有任何相關問題，事前寫下來，可以降低焦慮，也不會到時候忘記要問什麼。

陪伴長者就醫的注意事項

　　陪伴長者就醫以上所列事項，常需靠長者周邊的人去細心觀察，詢問，才能完成。特別是當身體不適的時候，年長的人可能會嫌麻煩，不想回答那麼多問題。這時，不妨以觀察為主，再以詢問為輔去確認觀察是否正確。譬如，你注意到早晨咳嗽症狀較為明顯，而懷疑是否因空氣冷的緣故。幾天下來，可以嘗試開暖氣，或起床後用口罩等方式嘗試後，再詢問老人家，這樣是否有幫助。

　　有時，年紀大的人需要有獨立自主的空間。因此，看醫生時，不要搶著去幫忙講話，應該讓病人自己有機會開口。雖然有時可能慢一點，但對許多長者來說，獨立的心理會有幫助，同時也對保持他們的溝通能力有益。

II. 心理篇

你覺得自己快樂嗎？你的父母和其他家人呢？

心理健康與老化密切相關，我們需要正確對待自己，活得更幸福！

你覺得幸福嗎？

　　人的行為和情緒，甚至是身體功能，面對外在環境的反應，大都由我們的思想及心理所主導—無論是有意識還是無意識的主導。看看下面的兩個例子，會讓我們清楚地了解思緒會帶給我們什麼樣的影響。

　　(1)張先生在大拍賣時買了一台七十二吋的液晶電視，非常高興，因為價錢比外面便宜。客觀來看，張先生花錢買了一台電視回家，但從張先生主觀的角度來看，他不只是買了一台電視，而是撿到了物超所值的便宜貨！這使他心情愉悅。然而，過了幾天，朋友們一起在聊天時，張先生發現他所買的電視機型號是老式的，外面有些商店現在賣得比他買的價錢還便宜。這下子，客觀環境雖然沒變，可是張先生的主觀想法卻變了——我真笨！居然被騙了！想法上的轉變，使得張先生原本得意、高興的心情，幾秒鐘內變得忿忿不平，非常氣餒。這時他體內接到此憤怒的訊息，以為遭到了威脅，就即刻釋放各種荷爾蒙，以心跳、血壓升高，以及呼

吸急促等，來回應張先生發怒的情緒。

　　客觀的事實沒變，張先生買了當時他想要買的電視機。本來認為值得又便宜，後來發現吃虧又上當。電視機買回的事實未變，心情卻大大轉變了。

　　(2)吳小姐今天加班，雖然很晚了，決定還是散步回家，運動一下，也放鬆心情。途中穿過一個公園，因為路燈壞了，黑漆一片。走進公園沒多久，忽然後面傳來一陣急促的腳步聲。吳小姐全身緊張起來，加快腳步，擔心後面趕過來的人會不會是歹徒或色狼。這可能遭遇到危險的想法，立刻被身體接收，幾乎同時釋放各種荷爾蒙，以心跳、血壓升高，以及呼吸急促等，來幫助張小姐準備應對即將可能面對的威脅。

　　剎那間，後面傳來熟悉的聲音，「喂！等一下，幹麼走那麼快？」回頭一看原來是貼心的男朋友來接她下班。這時，客觀環境沒變：黑暗中獨自行走，後面有人快速跟近。主觀的認知卻完全改變：原來是他，多高興！從危險到安全、溫馨，因著思想的轉變，心情跟著變化，身體反應也跟著回應。大腦再次下令，釋放不同的荷爾蒙，使心跳、血壓，以及其他反應都盡快回復到正常。

喜│樂│指│數│小│測│驗

請您盡量誠實完成以下測驗：

1. 總體來說，你快樂嗎？

不太快樂（0）

蠻快樂的（+1）

非常快樂（+2）

2. 總體來說，生命帶給了你許多樂趣？

沒有（0）

有（+1）

3. 拿以前跟現在比，你是否覺得差不多？

不是（0）

是（+1）

4. 你有過站在世界之峰的感覺嗎？

從沒有（0）

偶爾（+1）

常常（+2）

5. 生活周遭的一些小事，會讓你感到興奮或有興趣嗎？

從不（0）

有時（+1）

常常（+2）

6. 所做的事，無論大小，常有成就感！

從不（0）

有時（+1）

常常（+2）

7. 總體來説，對目前的工作狀態滿意嗎？（包括退休或無

工作狀態）

不滿意（0）

還算滿意（+1）

非常滿意（+2）

8. 目前的婚姻狀況，比你預期的要好還是壞？（包括同

居、未婚、已婚、分居或離婚）

比預期的壞（0）

跟預期的差不多（+1）

比預期的好（+2）

9. 如果你有孩子，你覺得孩子比你所預期的，大致來說是

好還是壞？如果沒有孩子，目前的狀態比你想像中來得好

還是壞？

比預期的壞（0）

跟預期的差不多（+1）

比預期的好（+2）

喜｜樂｜指｜數｜小｜測｜驗｜結｜果

請將您每一題答案右側括弧內的數字加總。如果總數為：

0-5　　喜樂指數有待加強，可預期的壽命有增長的空間

6-9　　喜樂指數與預期壽命都不錯，但仍可以再加強

10-16　喜樂指數很令人滿意，將會長壽！

研究顯示，人對其生活的滿意度，以及平常經歷喜樂的頻率與程度，與總死亡率（all-cause mortality），也就是各種死亡原因的加總，是成反比的。心情愉悅、對生活滿意的人，比情緒低沉、對現狀經常不滿的人，身體較健康，也更長壽些。情緒和心理，與健康跟老化，有關係嗎？ 多年的研究顯示，人的情緒反應，直接或間接與下列各種身體狀況有關：

● 意外	● 過敏／氣喘	● 心臟疾病
● 關節炎	● 關節炎	● 癌症
● 蛀牙	● 糖尿病	● 胃潰瘍
● 頭髮／頭皮相關問題	● 高血壓	● 失眠
● 受孕／懷孕相關問題	● 腸易激綜合症	● 免疫功能
● 性功能相關問題		

我們的身體，好似一所設備完善的藥局。當大腦一聲令下，身體內部可以在極短時間內，製造和送達各處細胞，各

式各樣的「化學藥物」、止痛劑（如安多芬，endorphins）、興奮劑（如腎上腺素，adrenaline）、安眠藥（如退黑激素，melatonin）等。這些化學藥物，大多是多功能的，例如血清素（serotonin），不止影響食慾，也影響情緒與睡眠。不同的荷爾蒙，也皆可產生類似的效應，如影響睡眠的，不止有退黑激素、血清素，還有腺苷酸（adenosine）。身體製造、釋放這些效應極度複雜的化學藥物，主要是受大腦的控制，而大腦，是思想及情緒的發源地。因此，心理在許多方面，都直接、間接影響健康、疾病、老化與壽命。

誰該看心理醫生？

今天接到一位母親的電話，想要為她十六歲的女兒約診。一般我都不接受未成年（十八歲以下）病患單獨就診，原因之一是他們尚未有自主能力，生活環境大都靠父母及學校老師來維護，其身、心發展也靠這些成人們的幫助、引導和教育。因此，如果孩子需要幫助，父母，或是實際上主要在照顧孩子的成人，也絕對不能置身於事外。

在所諮詢的個案中，太多的父母，只是抱著把孩子「送」去給心理醫生「矯正」的心態，希望把孩子醫好了，再送回給父母。豈不知，父母本身，往往是孩子生病，或發展不正常的主要原因。因此，父母和孩子們一起來同步學習，為他們創造最佳的成長環境，是養育身心健康小孩的絕對前提。沒有人能替代做父母的天職，即使是專業人員，也只能針對症狀，盡一部分責任而已。

　　但是，這位母親卻告訴我，是女兒自己要求要看心理醫生的。我再進一步詢問母親為什麼女兒會做這樣的要求，母親表示她也不甚了解，自己對女兒的要求亦感到十分驚訝。好奇心驅使我同意與小女孩談一談。

　　見到蘇菲那天的第一印象，感覺她是個活潑、外向的女孩。一頭金髮，滿面笑容，像許多其他青少年一般，言談中還喜歡處處糾正母親。對母親所說的話，除了覺得不好意思而且受不了之外，母女互動關係似乎良好。與蘇非母女解釋心理評估及治療過程之後，我請母親到候診處稍候，好單獨與蘇菲交談。

蘇菲在紐約出生，母親來自烏克蘭。三年前父母分居後離婚，從那時起，她一半時間在父親家，另一半時間則與母親同住。一副小大人樣的蘇菲，一本正經告訴我，她要看心理醫生的原因是：想學習以不同角度，認識多層面的自我。

我看著面前這位十六歲的女孩，思索著該如何回應她。

蘇菲接著說：「你知道的，心理醫生是中立的第三者。不像我的父母、家人或朋友，總是有他們自己的立場和看法。所以我想藉由你專業的角度，了解自己的不同層面。」

我點點頭，但還是沒能完全反應過來。正欲再進一步詢問時，孩童的天真一下子浮現在蘇菲的臉上：「喔，」她接著說：

「我媽跟我男朋友都常說我的脾氣不好，我還想學習控制自己的情緒。」

要知道，我見過許多的大人，都無法像蘇菲這樣清楚、簡潔、流利地表達自己的需求！

於是我便破例，收了這位讓我另眼相看的女孩。

蘇菲在高中就有機會選修心理學，因此瞭解到治療嚴重

精神病患，只是臨床心理學領域的一部分。其實，在我過去的執業經驗裡，只去過幾次精神病院，可能是因診所的地區位置與病人的組成有關，他們大多數為金融界、演藝界、醫生、律師等專業人士，來就診是想克服他們特定的困難，如恐慌症，或具體的恐懼症（如怕血、怕高），或想增加自我的認知、了解和改善自己；也有人是因為暫時陷入某種情緒，一時難以自拔⋯⋯

心理醫生不是唯一的出路

可能是因為美國看心理醫生的文化較為普遍，但我不巧是最不主張「無病呻吟」的心理醫生，常勸來看診的病人，沒需要不要長期來就醫。生活當中，本有起起伏伏，情緒，可以算是創作人生的顏料——繪圖時不可缺的基本配備，有些人有許多顏色可用，有些人卻只有少數幾種色彩。當發現手中調色盤內只剩黑色（陷入負面情緒），而又沒辦法自己拿到其他顏色時，就可能需要一些幫助。幫助的來源及方式很多，可以是好友相約出遊、另一半貼心的言語或行為、上

司的賞識、自己去看場電影、使用藥物，或是瘋狂購物、賭博、豪飲暴食等，並不一定要找心理醫生才行。就像頭痛，可擦萬金油、白花油、泡個熱水澡，也可以選擇休息睡覺，或什麼都不做，撐過去！在其他方式都沒用時，短期看心理醫生學習應對技巧（coping skills），以幫助尋找自我以及人生方向，可以說是有效又無副作用的方式。

對於較嚴重的臨床症狀，心理治療卻常是必要的治療方式。例如，恐懼症嚴重到了無法出門，焦慮症嚴重到了無法工作，憂鬱症糟糕到了生活沒有盼望等。目前，多項針對心理相關疾病的臨床試驗顯示，對於嚴重精神相關病症，同時以藥物與心理治療一起進行最為有效。而對於中、輕度症狀，心理治療與藥物治療是一樣有效；有些研究甚至顯示心理治療還稍較藥物治療更為有效。一般來說，與年齡無關，考慮是否要看心理醫生的原則及因素大致有三：

1. 行為偏差

「偏差」與「正常」是相對，而非絕對的。偏差與正常的差別，是由個人所存在的社會或組織而設定的。許多行為

在某些文化裡被視為正常，換到另一個國家的文化卻被看為異常。好比有些公司機構有加班或拍馬屁的文化，一個習慣這文化的員工，如果換一家公司，拍馬屁的行為可能就不會被同事視為「正常」了。但是，從最基本與廣泛的角度來說，若一個人的行為會傷害到自己（例如自殺或自殘）或他人（例如他殺），即被定為偏差。因為危害自己或他人的行為，在大部分的社會、文化或組織內，都被視為不正常，因此需要幫助。

2. 難以承受的精神負擔

每個人所能承受精神負擔的程度不同，因此這方面的判斷也是主觀的。有些人碰到一點挫折就一蹶不振，但有些人卻在經歷許多創傷後，還是好像一點也沒有變。一旦精神負擔超過了負荷能力，就可能導致精神崩潰，一旦精神崩潰，就非常可能會造成行為的偏差或獨立生活能力的減低。

3. 日常生活能力長期受到阻擾

生活能力受到阻擾，包括無法達成想要做的事，或無法做自己覺得應該做，同時理應也做得到的事。這項範圍包括

較廣，因為每一個人對自我認定「該做」和「能做」的事都不一樣。一個從小就就怕血的人，能不能立志成為外科醫生？一個外科醫生是否不該怕血？

我有個年輕病人，就是當他進了醫學院後，才發現自己看到血會暈倒。與其放棄學醫，他決定接受短期心理治療，幫助他克服這項挑戰——怕血。當醫生，是他認為自己想做，而且應該做得到的事。我的病人中，因為這方面的需求而尋求幫助的範圍很廣，從因憂鬱症而無法下床，因恐慌症而不能外出，因害怕飛行而不能出差，因緊張而不能做工作簡報或演講，到想增加自信心的，都有。

以上三個因素亦有許多重疊部分，並非獨立或不相融的。

例如，前陣子台灣有段關於老年夫妻的新聞，是位老年的丈夫，用釘鎚把釘子釘入長期生病妻子的腦袋裡。乍看之下，實在不可思議，但我們由上述的三點來分析：有可能是這位老先生先是長期承受不能負荷的精神負擔，而導致生活作息上長時間受到阻擾，以至於最後造成了他行為上的偏

差。在自己一天不如一天的情況下，看見老伴的身、心、靈逐漸衰退，這時，若無外力的介入或幫助，精神負擔必有增無減，導致無法承受，並且與其減退的生活能力相互影響，使得兩方面均一起惡化。精神壓力越大，越無法做好想做的事，越做不好想做的事，精神壓力也就越大。最後，在面臨崩潰的邊緣，無法理智調適自己的情緒，往往就會做出激烈和偏差的行為。

活得踏實而不憂鬱

　　紋萍二十歲時在美國認識了瑋柏，大學畢業後，經過一段長時間遠距離的考驗，在各自的領域奮鬥直到事業均小有所成，兩人決定結婚。那時她二十七歲。

　　三年前，瑋柏因心臟病突發而驟逝，今年六十九歲的紋萍，頓然失去了伴隨她走了四十六年的老伴。她以為自己終會從悲傷的陰影中走出來，好好活出人生下一篇的新自我，但不知怎麼回事，連人生是什麼，她都不是那麼確定了。

　　三個孩子分別每星期都會打電話給她，也輪流一年兩、三次地飛去看她，但仍沒辦法幫助媽媽從悲傷中走出來。對平日該做的事，她都覺得毫無精力與興趣，更別提嘗試新東西了。每天清晨四點醒來，就沒辦法再入睡，她非常清楚自己的脾氣變得急躁又易怒，也想像到別人一定不會喜歡跟她在一起，但卻一點也沒奈何，越是沒奈何也就越沒辦法控制自己的急躁，越急就更容易發脾氣……她不愛打電話給朋

友，也謝絕朋友的邀約，認為別人成雙成對的，不會喜歡跟一個寡婦在一起。雖然她過去一直喜愛編織和打毛線，但這陣子也沒有打出一樣東西來。她說自己不像以前對這些嗜好有興趣，也沒有多餘的精力了。她確信自己的記憶力和注意力都在快速減退，大部分的時間紋萍都在家看連續劇，也常常在白天打瞌睡。

雖然紋萍不像一般人想像的每天以淚洗面，無法下床，但紋萍確實患了憂鬱症。紋萍的記憶力無法集中、煩躁、不愛與人接觸等，都是憂鬱的症狀。雖然有關心她的朋友及孩子們，卻無法幫助她走出陰霾。很多人常把這種情況歸於「老化」，其實卻不盡然。

憂鬱症在每一個人身上可能顯示為不同的症狀，就像同樣的病菌在不同人身上，可能造成不同部位的感染。病菌吃進去了，會造成腸胃炎；吸進肺裡，會造成肺炎；若經由傷口進入，會造成傷口發炎等。

憂｜鬱｜指｜數｜小｜測｜驗

請您從以下21項陳述中，每項選出一個最接近你在過去兩週內感受的句子（包括今天）：

1. 悲傷

我不覺得悲傷（0）

我經常感到悲傷（1）

我幾乎隨時都覺得悲傷（2）

我不快樂到自己都無法忍受的地步（3）

2. 悲觀

對未來我並不感到灰心（0）

對未來我比以往感到灰心（1）

無論怎麼做，我想都不會有幫助（2）

我對未來感到絕望，而且只覺得會越來越壞（3）

3. 過去的失敗

我不認為自己很失敗（0）

我過去的失敗，比該有的多（1）

回顧過去，我發現很多失敗（2）

我覺得自己是一個完全失敗的人（3）

4. 失去樂趣

我現在仍享受以前所喜歡做的事（0）

在做以前喜歡做的事時，享受的程度不如以往（1）

以前我覺得有樂趣的事，現在似乎不再覺得有趣（2）

以前覺得有趣的事，現在卻完全不感興趣（3）

5. 罪惡感

我並不特別覺得有罪惡感（0）

對過去做的某些事，或該做而沒有做的事，我覺得有罪惡感（1）

很多時候，我都覺得滿有罪惡感的（2）

時時刻刻，我都感到有罪惡感（3）

6. 懲罰感

我不覺得自己是正在被懲罰（0）

有時候我覺得自己可能是在被懲罰（1）

我預期會被懲罰（2）

我覺得是在被懲罰（3）

7. 自厭

我對自己的感覺，跟以前沒什麼兩樣（0）

我對自己失去信心（1）

我對自己感到失望（2）

我不喜歡自己（3）

8. 自我譴責

我不會比平常多譴責或責怪自己（0）

我比以前更會、更常譴責自己（1）

我總是為所有曾犯過的錯，譴責自己（2）

為每一件發生過的壞事，責怪自己（3）

9. 自殺意念

我沒有任何自殺的想法（0）

我有自殺的想法，但不會去做（1）

我想自殺（2）

如果有機會，我會自殺（3）

10. 哭泣

我沒有以前哭得多（0）

我比以前哭得多（1）

每件小事都會讓我哭（2）

我想哭，但哭不出來（3）

11. 情緒緊繃

我沒有比平時緊繃（0）

我比平時要緊繃一些（1）

我感覺很緊繃，很難平靜得下來（2）

我感覺很緊繃，得不停地動或做些事（3）

12. 失去興趣

我並沒有對他人或活動失去興趣（0）

跟以前比，我對他人或活動較沒興趣（1）

我對大部分的人和活動都沒什麼興趣（2）

我對任何事都很難感到有興趣（3）

13. 優柔寡斷

做決定的過程跟平時差不多，沒什麼改變（0）

我感覺近來做決定比平時困難（1）

近來我做決定比平時要難很多（2）

我無法做任何決定（3）

14. 自我評價

我不覺得活在世上是沒有價值（0）

我覺得沒有以前有用或有價值（1）

我認為別人都比我有價值（2）

我覺得自己一文不值（3）

15. 失去活力

我覺得跟以前一樣有活力（0）

我不像以前那樣有活力（1）

對許多事我都提不起勁（2）

對任何事都提不起勁來（3）

16. 睡眠習慣

我的睡眠習慣跟平時一樣，沒有變（0）

我比平時睡得多些或稍少（1）

我比平時睡得多或少很多（2）

大部分的時間我都在睡覺（3）

近來我比平時都早醒1-2小時以上，然後就無法再睡了（3）

17. 易躁

我不會比平時容易煩躁（0）

我比平時容易煩躁（1）

我比平時容易煩躁很多（2）

現在整天都很煩躁（3）

18. 胃口

我現在的胃口跟平時差不多，沒什麼變化（0）

我的胃口比平時好或差一些（1）

我的胃口比平時好或差很多（2）

現在我完全沒胃口（3）

我不停地想吃東西（3）

19. 注意力

注意力的集中，我跟平時差不多（0）

注意力的集中，我沒有平時好（1）

我沒法將注意力集中很長時間（2）

我的注意力完全無法集中（3）

20. 疲倦

我並沒有比平時容易疲倦（0）

我比起平時容易疲倦些（1）

做以前常做的許多事時，我比以前容易疲倦（2）

做所有以前做過的每一件事，我都覺得比以前疲倦（3）

21. 性生活

我沒注意最近對性生活的興趣有何改變（0）

對性生活，我沒有以前有興趣（1）

對性生活，現在我不太有興趣（2）

對性生活，我現在完全沒興趣（3）

憂｜鬱｜指｜數｜小｜測｜驗｜結｜果

請將您每一題答案右側括弧內的數字加總。如果總數為：

0-13　不用擔心有憂鬱傾向

14-19　輕微憂鬱傾向

20-28　中度憂鬱傾向

29-63　嚴重憂鬱傾向

許多疾病的診斷，或健不健康的標準，都是人定的。例如，發炎的定義是什麼？該如何診斷發炎？診斷方法之一，是驗血液中白血球的數量。因為如果發炎，白血球會增加，但是，要增加到什麼程度才符合發炎的診斷呢？例如，某種白血球在血液中的正常比例為二〇％到四〇％（前免疫篇裡提到的B和T細胞，Lymphocytes），如果驗血結果是八〇％，那當然表示身體出狀況的機率很大，應該可以達到診斷條件。但結果若是四一％呢？到底表示有發炎還是沒有？

　　心理學的診斷條件更是人定的了，以憂鬱症來說，又不可能以驗血來判斷，要符合重度憂鬱發作，許多條件中之一，是要持續有症狀至少兩週或以上。這麼說來，如果一個人就算顯示所有重度憂鬱症的症狀，但在第十三天時（兩週以內），還不能診斷為重度憂鬱發作，而若在第十三天症狀有所改變，也可能無法被診斷確認。況且，每個人都可能有不一樣的症狀，上述問卷所得的分數代表的也僅為傾向的程度。一般心理醫生必須仔細地觀察，用心地問診來診斷。

　　診斷條件對醫療人員來說非常重要，當不同的醫生在溝

通病人狀況時，必須有相當程度的共同語言。如果醫院的護士告訴我，某病人目前是重度憂鬱發作，我立刻就知道他的症狀，也知道症狀持續了至少兩星期。但對病人而言，痛苦的感受，不會因為兩天或是二十天而有所差別。因此，我認為面對病人時，疾病的標籤（我到底有沒有憂鬱症？）不是很重要，重要的是人主觀的感受。

美國各項研究都一再顯示，老年人（六十五歲以上）患有憂鬱症的比例，其實比其他年齡層都低。但是，年紀大的人卻比年輕人容易有更多憂鬱症的症狀，雖然這些症狀總結起來，可能並不符合憂鬱症的診斷。也因此，許多人的觀念以為，年長者的情緒及行為的轉變，是正常老化現象，因為當他看心理醫生時，並沒有被診斷患有憂鬱症。估計目前美國大約只有一〇％的老年憂鬱患者，有針對憂鬱症在接受治療。

憂鬱症的成因

憂鬱症的成因，類似許多其他心理疾病，可從以下三方面來看：

生理因素

　　在我們的大腦中負責傳遞訊息的化學元素，稱為神經傳遞值（neurotransmitters）。患有憂鬱症的人，腦中各種神經傳遞值的濃度，較其他人不同，許多醫治憂鬱症的藥物，也是針對調整這些神經傳遞值而設計，如血清素（serotonin）、正腎上腺素（norepinephrine）等。但是，前面提過，人的大腦有如一座大藥廠，在因應各種變化的過程中，會增加或減低不同化學元素的釋放，而決定這一切的往往是人的想法，因此當我們生氣、憂傷或快樂時所釋放的化學元素都不一樣。憂鬱症，似乎與神經傳遞值的濃度變化有所關聯，但是我們無法得知，究竟是憂鬱症導致神經傳遞質的濃度變化，還是神經傳遞質的濃度先有變化，才導致憂鬱的症狀？研究發現，象徵憂鬱症的生化指標（如神經傳遞質濃度），不只與憂鬱症有關，也同樣出現在其他疾病中，如阿茲海默症。因此，僅生理現象而造成憂鬱症的說法，至今仍無法成立。

心理因素

　　心理學各派學說中，都有其一套解釋憂鬱症成因的說法。一般來說，心理學所注重的，不外乎是思想、感覺，以及行為。憂鬱症的特徵包括灰色世界觀、對自己、他人和未來都感到絕望（思想）；意志消沉（感覺）；疲倦、不想參與任何活動（行為），這些都是在憂鬱症心理治療過程中所注重的層面。

社會因素

　　幾乎所有憂鬱症的發作，都不免有社會因素的存在。所謂社會因素，指的是一個人與他周圍環境中人、事、物之間的互動。十之八九，憂鬱症的發作，是被環境中的事件所觸發，例如疾病、失業、離婚、喪偶或親朋好友、因股票大跌而賠掉退休金等。而個人所擁有的社會支持（social support），也就是親近的人所能提供的資源，無論是精神或物質上的支持，對憂鬱症也會有相當程度的影響。長期患有憂鬱症的人，除了心情沮喪、生活毫無樂趣外，也可能煩

躁、易怒。這現象讓他很難與人相處，別人亦難跟他接近。久而久之，惡性循環：親朋好友們逐漸遠離，失去重要的社會支持，又將會使憂鬱症患者更難恢復。這時候，患者周圍的人需要極大的耐心，以及對憂鬱症有相當程度的認識及學習，方能有效幫助患者痊癒。

　　大多數研究人員，都同意憂鬱症，以及許多其他心理疾病的成因，均由以上三項因素組合而成，稱為生物心理社會模式（biopsychosocial model）。這顯示著人與環境互動的重要性，以及相互影響的程度。

日常保健提示

1. 運動

　　運動對身體的益處，大家都知道，在身體篇中曾討論過。同樣的，運動對建立及維持心理健康，也是不可忽略的因素。無論是憂鬱、焦慮，或壓力，運動都是有效的治療方式。但我常提醒病人們，運動的關鍵，在於持久，除了恆心與毅力外，使用漸進式的改變也有助於一個新習慣的養成，像是對於一個平時沒有運動習慣的人，一開始先能活動筋骨就好。對許多上班族的患者，我建議剛開始先從前往捷運或回家的路上快步行走，或利用中飯時間圍繞建築物走一圈，最後要能達到一週至少三次，一次至少二十分鐘以上的運動量。同時，運動方式雖然有很多種，但針對前面所提到的心臟血管保健，以及心理健康而言，運動的目標是達到心跳加速（可以使用心臟篇的計算方式為基準），而這裡所說的二十分鐘，指的是提升心跳加快後持續二十分鐘。

如健康情況允許，年長者除了平日快走外，也可嘗試其他較緩和的活動。最近一項研究顯示，打太極拳不僅對憂鬱症和認知功能有益，也對記憶力、睡眠與生活品質均有顯著的幫助。研究中指出，一週打兩小時的太極拳，十週下來，明顯有效減低憂鬱症狀。

2. 培養興趣，激發使命感

對周邊的人、事、物感到有興趣、有意義，是人活下去的動力之一。從小或年輕時，試著去發覺及培養多項興趣，等到年老或經歷挫折時，都是無價的資源。

一位心理學家曾說，人在覺得有意義、有目標的情況下，可以承受極大的痛苦，而不致灰心失望。很多人往往到了退休後，才開始尋找興趣，或去思考人生的意義，就比較困難了。這裡所強調的興趣和意義，是多項的，才能增加我們的資源，不致有失去某樣東西，生活就頓然失色的情況。

對愛好讀書的人來說，年紀大後，視力當然不如以

前，看不久眼睛就感覺累了，生活樂趣將相對減少。若是除了閱讀，也愛聽聽音樂、培植花草，選擇性多些，生活中的樂趣與選擇也就多些。人活在世上，可以做的事很多，哪些是有意義的事，因人而異，由個人主觀而定。要盡量去發掘一些不同的事物，將有助於增加自己生活中的適應力及彈性。就算所謂成就大事的偉人，一生之中，除了那件偉大的事之外，在其他的領域，想必也能找尋與經歷到另有意義的事。否則，在有幸完成那使命後，跟著而來的失落感，將會難以承受。

我曾有位病人，一頭栽進新創立的公司，日以繼夜不停地努力工作，直到公司股票終於上市了，一連串的慶祝活動後，他頓然失去目標；回頭再看看過去，為達成使命所犧牲的：夫妻關係的動搖、錯過孩子成長期的參與、沒趕上父親的病故……想起來就沮喪，覺得生命已不再有意義，終致憂鬱症發作。

我們做每樣選擇的同時，都有機會成本，也就是失去

做其他事的機會。只要考慮清楚，所做決定對自己的意義，以及可能產生的後果，將會減低事後的悔意。再者，若能激發與培養多項有意義的事，也可避免當失去自己認為唯一有意義的使命時，瞬間感到一無所有。

3. 建立社會支持

前面提到過，社會支持是自己親近的人所能提供的資源。每個人對於人際互動的需求程度不同，有些人必須要有一群朋友，交往頻繁，才感到滿足；也有些人，只要兩、三個朋友，偶爾見見面，也就足夠了。因此，交朋友來維持社會支持，並非一定建議要有多少數量或頻率。重要的是，身旁有沒有可以信任、倚靠，以及你能尋求幫助的人

人是群居動物，雖然每個人所需不同，但長期獨居，完全與外界隔離，是非常有害健康的。建議在個人可接受的範圍內，盡量保持與他人的互動，有助於心理健康與憂鬱症的防範。

■ 照顧長者的注意事項

1. 憂鬱症狀可能是其他情況的副作用

　　因老年人健康及醫療情況的複雜化，憂鬱症的症狀有可能是其他病症，或治療其他疾病的副作用。例如，人在生病時，容易悲觀，對未來失去盼望，但等病好後，也就不再憂鬱。這時，憂鬱症並不是主要疾病，而是因身體不適而產生的。同時，也有些藥物，例如某些止痛藥、肌肉鬆弛藥、高血壓、帕金森、潰瘍，或心臟病用藥的副作用是造成憂鬱，上述都可能與老年憂鬱症狀有關。這時候，在確診為憂鬱症決定治療前，應詢問醫師，謹慎排除其他可能。

2. 老年人的憂鬱症狀較不同於年輕人

　　看看以下狀況，會讓人想到是憂鬱症嗎？

★ 記憶力減退

★ 困惑

★ 胃口不好

★ 對不可能的事，堅持相信（妄想）

★ 要求很多

★ 易怒

★ 不斷抱怨自己身體上各種模糊（不明確）的症狀
　（如不舒服、感覺難過等）

以上都有可能是憂鬱症，這些在老年人身上所顯示的症狀，雖然並不代表就有憂鬱症，但仍應考慮其可能性，而不要輕易忽略。

3. 憂鬱症狀可能被誤以為是其他病症

憂鬱症會發生在老年人與年輕人身上，呈現的方式可能有所不同，但也因為一般人常預期老年人會經歷一些特定的老化過程，以至於憂鬱症狀常被誤認為其他疾病的症狀，如：

★ 失智症

★ 阿茲海默症

★ 帕金森氏症

★ 正常老化過程

憂鬱症的嚴重後果之一，就是對未來完全失去希望，導致自殺。在美國，自殺率最高的族群正是年長男性白人。事實上，許多人在自殺前，可能都曾試圖尋找過幫助，只是自己，以及尋求幫助的對象，都忽略了憂鬱症的可能性。一項美國研究統計顯示，七〇％自殺的老年人，在自殺前的一個月內，都去看過醫生（非心理醫生）；四〇％在自殺的一個星期內還去看過醫生，但一般醫生不常往憂鬱症方面去思考。目前美國正大力推動，在醫院及診所內，為老年病人做憂鬱症的篩檢。因為憂鬱症在老年人身上，比在年輕人身上更為顯著，也有更嚴重的影響。

4. 憂鬱症對年紀大的人的影響

許多原因，包括上面所提到的，造成憂鬱症發生在老年人身上會持續較久，而長時間未接受治療的憂鬱症，對老年人的身體也更加有害。研究顯示，老年憂

鬱症是增加心臟疾病的危險因子，同時也增加一旦生病後的死亡率。例如，有兩個人同時患有心臟病，在心臟病被控制或治療後，有憂鬱症的人，會比沒有憂鬱症的，死亡率還要高。而且憂鬱症也會影響免疫系統，減低免疫力，增加發炎的機率。

放輕鬆少焦慮

　　從年輕到現在，淑彬不曾有過這樣的感覺。她雖不至於是個大而化之的人，卻也從沒人說她愛嘮叨又拘小節。自從去年她心臟開刀後，不知怎麼的，生活腳步就亂了，感覺一切都不再像以前。現在的淑彬，每天無緣無故都很緊張，日常作息與生活習慣也都沒法輕鬆完成，如做早餐、晨間快走、每星期與好友打麻將，以及晚上看連續劇等。最糟的是，她現在一感覺胸口緊或心跳得快，就緊張得不得了，害怕心臟又會出什麼問題，於是越來越覺得沒有安全感：如果出門，心臟或其他地方出了問題該怎辦？雖然有手機，忘了帶又怎辦？就算帶了，萬一通訊不良或沒電了，想通知誰都沒辦法。因此她就越來越少出門，最近更是以老了走不動了為由，要兒子和媳婦每週買菜時順便也幫她買些送來，總之已到了足不出戶的地步。外面的世界，對她是越來越陌生，也越來越有恐懼感了。

焦慮是每個人都會經歷的，也是正常，而且有其用途的一種感覺，類似恐懼，當察覺到危險時，這種感覺會促使我們尋求安全，遠離危險。例如，考試前緊張、焦慮，可能就會促使學生讀書，讀了書，也就減低了焦慮感。但是過度焦慮可能反而會使人無法去做該做的事，例如，過度為考試焦慮，全心全意地擔心萬一考試不過的可能性，反而無法專心讀書。在年紀大的人中，焦慮症比憂鬱症的罹患率還要高出許多，有些研究顯示，六十五歲以上的人中，焦慮症可能是憂鬱症的兩倍以上。

焦│慮│指│數│小│測│驗

　　下面是一些常見的焦慮症狀。請仔細閱讀每一項後，選出你在過去一週內（包括今天），被每一項所困擾的程度（限單選）：

1. 身體或四肢有麻或酥的感覺

　　（0）完全不感到困擾

　　（1）有一點點感到困擾

　　（2）感到很困擾，但可以忍受

　　（3）感到非常困擾到幾乎無法忍受的程度

2. 覺得熱

　　（0）完全不感到困擾

　　（1）有一點點感到困擾

　　（2）感到很困擾，但可以忍受

　　（3）感到非常困擾到幾乎無法忍受的程度

3. 腿站不穩

　　（0）完全不感到困擾

　　（1）有一點點感到困擾

（2）感到很困擾，但可以忍受

（3）感到非常困擾到幾乎無法忍受的程度

4. 無法放輕鬆

（0）完全不感到困擾

（1）有一點點感到困擾

（2）感到很困擾，但可以忍受

（3）感到非常困擾到幾乎無法忍受的程度

5. 凡事都害怕最壞的狀況發生

（0）完全不感到困擾

（1）有一點點感到困擾

（2）感到很困擾，但可以忍受

（3）感到非常困擾到幾乎無法忍受的程度

6. 暈眩

（0）完全不感到困擾

（1）有一點點感到困擾

（2）感到很困擾，但可以忍受

（3）感到非常困擾到幾乎無法忍受的程度

7. 心跳快、重或緊

　　（0）完全不感到困擾

　　（1）有一點點感到困擾

　　（2）感到很困擾，但可以忍受

　　（3）感到非常困擾到幾乎無法忍受的程度

8. 感覺重心不穩

　　（0）完全不感到困擾

　　（1）有一點點感到困擾

　　（2）感到很困擾，但可以忍受

　　（3）感到非常困擾到幾乎無法忍受的程度

9. 恐懼

　　（0）完全不感到困擾

　　（1）有一點點感到困擾

　　（2）感到很困擾，但可以忍受

　　（3）感到非常困擾到幾乎無法忍受的程度

10. 緊張

　　（0）完全不感到困擾

（1）有一點點感到困擾

（2）感到很困擾，但可以忍受

（3）感到非常困擾到幾乎無法忍受的程度

11. 窒息感

（0）完全不感到困擾

（1）有一點點感到困擾

（2）感到很困擾，但可以忍受

（3）感到非常困擾到幾乎無法忍受的程度

12. 手顫抖

（0）完全不感到困擾

（1）有一點點感到困擾

（2）感到很困擾，但可以忍受

（3）感到非常困擾到幾乎無法忍受的程度

13. 感覺不踏實

（0）完全不感到困擾

（1）有一點點感到困擾

（2）感到很困擾，但可以忍受

（3）感到非常困擾到幾乎無法忍受的程度

14. 感覺失控

（0）完全不感到困擾

（1）有一點點感到困擾

（2）感到很困擾，但可以忍受

（3）感到非常困擾到幾乎無法忍受的程度

15. 呼吸困難

（0）完全不感到困擾

（1）有一點點感到困擾

（2）感到很困擾，但可以忍受

（3）感到非常困擾到幾乎無法忍受的程度

16. 怕死

（0）完全不感到困擾

（1）有一點點感到困擾

（2）感到很困擾，但可以忍受

（3）感到非常困擾到幾乎無法忍受的程度

17. 害怕

（0）完全不感到困擾

（1）有一點點感到困擾

（2）感到很困擾，但可以忍受

（3）感到非常困擾到幾乎無法忍受的程度

18. 消化不良或腹部不適

（0）完全不感到困擾

（1）有一點點感到困擾

（2）感到很困擾，但可以忍受

（3）感到非常困擾到幾乎無法忍受的程度

19. 頭昏

（0）完全不感到困擾

（1）有一點點感到困擾

（2）感到很困擾，但可以忍受

（3）感到非常困擾到幾乎無法忍受的程度

20. 臉紅，發熱

（0）完全不感到困擾

（1）有一點點感到困擾

（2）感到很困擾，但可以忍受

（3）感到非常困擾到幾乎無法忍受的程度

21. 無故冒汗（不是因為溫度高）

（0）完全不感到困擾

（1）有一點點感到困擾

（2）感到很困擾，但可以忍受

（3）感到非常困擾到幾乎無法忍受的程度

*30*開始 打造亮麗熟年

焦|慮|指|數|小|測|驗|結|果

請將您每一題答案左側括弧內的數字加總。如果總數為：

0-7	不用擔心有焦慮傾向
8-15	輕微焦慮傾向
16-25	中度焦慮傾向
26-63	嚴重焦慮傾向

焦慮症是什麼？

相同於在憂鬱篇中所敘述，焦慮症也可以從身體、心理，以及社會因素來分析。一般的焦慮症的特徵，大多包括思想（認知）和身體上的症狀，思想上無法控制的擔憂或恐懼，害怕不可預測的未來，和各種事件發生的可能性；身體上感受到心跳加速，呼吸急促或困難，出汗，顫抖等。長期焦慮不僅會影響生活及工作品質，也會影響一個人對其他疾病的反應及容忍度。例如，一位有風濕性關節炎的人，若同時也有焦慮症，會比另一位有風濕性關節炎的人，要感受到較多的疼痛。研究同時顯示，開過同樣刀的人，有焦慮症的病人，比沒有焦慮症的，會感受較多的疼痛，也因此而吃較多的止痛藥。

焦慮症的種類，大致分為以下幾種：

1.廣泛性焦慮症（Generalized Anxiety Disorder）─長期過度擔憂各樣事件，無法控制憂慮的意念，以至於擾亂日常生活腳步

2.恐慌症（Panic Disorder）─重複經歷突如其來的恐懼

感，伴隨著許多身體上的反應，如心跳加快、呼吸急促、汗如雨下等。經歷恐慌時，患者會感覺失控，接近死亡，害怕自己錯亂等現象。因此，恐慌症常被誤認為心臟病，所以許多人會打九一一，以為是急診。可能是先入為主的觀念，多數人認為女性容易緊張，因此女性心臟病患者發病時，常被誤以為是恐慌症，而男性恐慌症患者發病時，卻比較容易被誤認為是心臟病。這兩種不同疾病，發病時的症狀，著實非常相似。當然，我們寧可恐慌症被錯認為其他較嚴重的病，也比將嚴重急診，如心臟病，錯認為恐慌症要來的安全

　　3.恐懼症（Phobias）─因感受強烈恐懼，而持續逃避某種事物或情況，如恐懼高度、狹隘空間、毛髮或血液等

　　4.創傷後壓力症（Posttraumatic Stress Disorder）─在創傷事件後，無法控制地重複經歷當時的感受，也因此而開始避免任何會讓他想起創傷事件的人、事、物或相關景況。每次重複經歷創傷事件時，也伴隨著有心跳加速、呼吸急促或困難、流汗等身體上的反應

　　5.強迫症（Obsessive Compulsive Disorder）─無法控制地

重覆某種想法（我會感染病毒），以及回應想法的相對行為（洗手）。

目前，認知行為的心理治療與藥物治療，都是有效治療恐懼症的方式。

日常保健提示

1. 有氧運動

人在緊張時，如先前所提到過，身體會分泌各式各樣的荷爾蒙，也會緊繃，處備戰狀態。有氧運動可以有效減低這些身體反應，緩和緊張情緒。

2. 瑜珈

瑜珈所強調的呼吸法、伸展肌肉，以及拉筋等，都有助於減低焦慮症狀。

3. 內觀法（Mindfulness）

認知（思想）在焦慮症上所扮演的角色相當重要，身體上的反應，多因思想（擔心）與感受（害怕）而起。由於思緒常常快速閃過又無法控制，內觀法著重於練習將思緒從未來（擔心未發生的事）與過去（回憶過去發生過的事），拉回到現在。研究顯示，這對焦慮症是有效的治療方式。我也常使用內觀法治療焦慮症患者，並看到他們在長期練習後有顯著進步。

■ 照顧長者的注意事項

1. 要謹慎注意老年人是否有焦慮症

　　診斷老人的焦慮症是很具挑戰性的，因為焦慮症的症狀常與許多其他疾病症狀相似，甚至相同，再加上一般人不舒服，往往第一個要找的絕不會是心理醫生。然而，普通醫生的診斷與治療，是比較針對病人所陳述的生理症狀，而不是辨認是否有長期焦慮的思想及心理模式。情況更複雜的，是焦慮常常亦會造成生理上的症狀，例如，腸胃不適，或睡眠不好等。我有許多焦慮症的病人，一緊張就會拉肚子或便祕，而這種情況下，一般醫生往往會將腸胃或睡眠當成主要症狀來治療，導致忽略焦慮症的可能性。

2. 與老年人的互動，要盡量讓他們有充裕時間

　　趕時間，往往會讓一般人緊張，更何況是現在反應和行動都緩慢下來的老年人呢？趕時間，會讓已經有焦慮症傾向的人，更緊張，焦慮症狀更凸顯。我的焦

慮症病人中，就算不是老人，也常為趕時間而緊張，有時甚至一想到第二天有些什麼一定要做的事，就大為緊張。例如，掛了號要去看醫生，前一天就開始緊張，擔心早上睡過頭，會不會在去醫生的途中交通堵塞，又萬一忘了帶健保卡怎麼辦等等，最後連覺都睡不著了。因此，與老年人相處時，盡量多預留一些時間和空間，多一些計畫和溝通，有助於減低焦慮感。早一點把計畫告訴他們，也在可能的情況下，給予選擇，例如，該去醫院做體檢了，可以早在一個星期，甚至一個月前，先提一提；也可以問老人家希望哪一天去比較方便？在檢查的前幾天，可以較詳細溝通當天的計畫，如幾點準備出門，是坐公車還是自己開車，預期要多久時間等。若是老人家有疑問，可以藉此機會回答，安撫他們對未知所產生的不安或焦慮感。

在後面，我們將會較詳細討論給予老年人自主權和控制權的重要性，對未來所要發生的事感到無法控制，是產生焦慮的重要因素之一。

人老了，個性也會變？

　　九一一急救派遣中心呼叫：一位七十九歲的老太太在家昏倒。

　　抵達現場時，老太太已清醒過來，坐在餐桌旁的椅子上，全白的頭髮，梳理得很整齊，老太太看起來很和藹。我們替她做了一些基本檢查，並詳細詢問她的醫療歷史，以及今天暈倒發生前後的細節，最後決定她應該跟我們上救護車，去醫院做進一步檢查或治療。但老太太告訴我們她一切狀況良好，不需要去醫院，之後就顧左右而言他，分享她近來所讀的書、看的電視，還有對政治的看法……

　　大部分時候，若是病人神智清醒，有自主能力，就有權拒絕接受醫療的救護（Refusal of Medical Assistance, RMA）。但有時，當我們覺得有必要，也可以強制執行，將病人帶到醫院。今天就碰到這狀況，我們好說歹說，老太太的兒子、女兒，也都在場勸她去，她就是不肯，而且越說

越激動。我們也實在不願強制執行，讓警察押她上車（有時候得要警察用手銬把病人銬在救護車上，隨車押病人去醫院）。怎麼辦才好，眼前這是一位瘦弱和氣的老太太呀！最後我們告訴她，如果執意不跟我們走，不得已，我們就要請警察來。沒想到，老太太一聽到紐約市警局（N.Y.P.D.），突然又昏倒了！這麼一來，情況完全改變了，急救人員立刻有權為無意識的病人進行治療，或將他們送往醫院，不再需要病人或家屬的同意。這是所謂的「暗示同意」（implied consent）。看到老太太暈倒，我和同事一刻也不耽擱，趁此機會，馬上將她抬上救護車，開往醫院！

事後老太太的孩子們抱怨，說母親以前不是這樣的。怎麼越老越固執，越老越難處？像變了一個人似的。人老了，個性也會跟著變嗎？

江山易改，本性難移

個性或性格（personality）的定義，是指一個人在不同的環境與情況下，以及不同的時間或年齡，不會有太大的變

化。例如，一個凡事小心謹慎的人，會傾向於在任何情況下，都保持其謹慎的行為模式，不太可能會在工作上謹慎，在其他同樣在意的事上，卻大而化之；或是開車時循規蹈矩，騎摩托車時卻經常狂飆亂竄。

與個性相關的行為模式，也不太會因年齡而有所改變，例如，一個個性外向的人，通常不會在六十五歲時突然變得內向起來，除了有其他理由（客觀因素，如健康狀況有變化）。就算是有客觀因素，使得一個原本外向的人，不再像以前一般頻繁與人互動，這些客觀因素，也通常不能阻止外向的人繼續想要與他人互動，其想法及欲望，都持續保持與他外向的個性一致。

人有可能會因為情緒低落，引發憂鬱症，但根本的個性，並沒有變。當然，亦有特殊情況，如創傷事件的發生，有可能導致人的性格有所改變，但在大部分的情況下，若無特殊事件，人的性格是穩定而不易變更的。

相對的，情緒（mood）或情感（emotions）的定義，是起伏不定，沒有持久性的。

看連續劇時，可能感動得淚如雨下，關電視後，又因想到明天將與好友見面而高興起來。人的基本情緒包括快樂、憂傷、憤怒、噁心、恐懼與驚訝。大多數的人，除基本情緒外，也會經歷許多其他相關情緒，像氣餒、急躁、罪惡感等。沒有任何一種情緒會持久不變的，屆至目前，我還沒遇到過持續憤怒一個月的人。或許你總是生某人的氣，一想到那人就憤怒不已，對那人的氣憤可以持續一輩子，但你自己本身，並不會一年三百六十五天，一天二十四小時都保持在憤怒狀態裡。

固執又易怒的老人，個性沒變？

先想想，人的情緒、思想、心理，與身體之間的互動關係，再想想年紀大後，人的世界有了些什麼變化？當我教老年心理學時，會讓學生做一些功課 和練習，體驗一下老化的感覺，像是用繃帶纏住關節，使其僵硬而行動不便；戴上模糊視力的眼鏡，使閱讀困難；使用耳塞，減低聽力；身上帶著有重量的皮帶或腳環，導致坐下、起身、走路或上下樓梯，都感吃

力。這是什麼樣的感覺，你能想像嗎？大部分的學生持續一天下來，莫不叫苦連天的，這還不包括最讓人難適應的：記憶、思考，以及反應能力上的退步。

　　如果這就是你每天的生活呢？若非親身經歷，恐難切身體會，想必也會懊惱、氣餒，也可能沮喪，甚至生氣？這些皆為情緒，而非個性。但是，當身體經歷如此變化時，表達這些情緒的頻率與程度，想必會比以前多，也因此造成許多的不便。

　　讓我們看看下圖表達心理與身體間互動的關係：

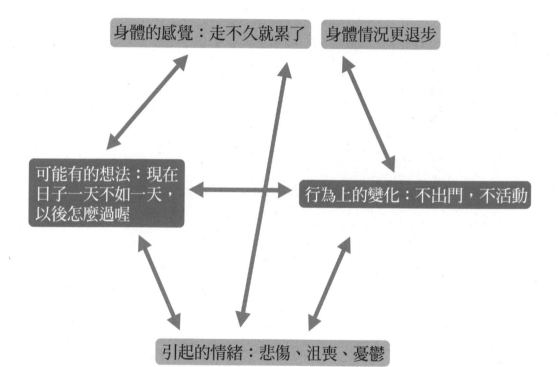

身體的感覺：走不久就累了　　身體情況更退步

可能有的想法：現在日子一天不如一天，以後怎麼過喔

行為上的變化：不出門，不活動

引起的情緒：悲傷、沮喪、憂鬱

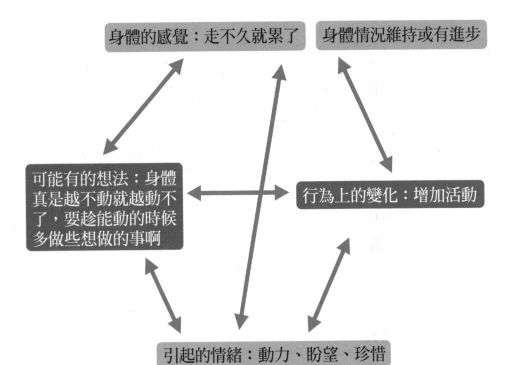

身體的感覺：走不久就累了　　身體情況維持或有進步

可能有的想法：身體真是越不動就越動不了，要趁能動的時候多做些想做的事啊　　行為上的變化：增加活動

引起的情緒：動力、盼望、珍惜

當身體健康不如從前，開始老化時，依個人想法不同，常會啟動一連串的循環反應，這循環可能是良性、中性或惡性的循環。上圖都是雙箭頭，顯示身體、思想、情緒與行為之間，都有互動關係。負面想法（一天不如一天）會影響情緒（沮喪），負面情緒也會造成灰色思想。情緒若好（盼望），不僅會正面影響行為（增加活動），也有助於身體的健康（免疫、心臟、腸胃系統等），身體好，當然也會影響行為和情緒。研究甚至一再顯示，一個人心情好的時候，也較願意有助人行善的行為（比較樂意捐錢，或會捐較多的錢），許多人在幫助別人後，心情也會隨之而好轉。行為與健康之間的互動，更是密切，許多行為，對健康有益，如運動、休閒、放鬆等。有些行為，卻對身體有害，如吸菸、不活動、飲食不健康等。想法與行為之間的互動，是許多運動心理學家和動力（意志力）研究者很感興趣的領域。一個人若相信自己有能力（想法），就會願意去嘗試許多事，也在遇到困難時比較能堅持下去（行為）。同樣的，行為也會對思想產生影響力，例如，一個原本不吃素的人，有機會嘗試

素食好幾次（行為）後，就算對吃素還是沒什麼特別感覺，但可能會對吃素開始有正面的想法。研究顯示，要促成，甚至改變一個人對某些事情的想法，有效方式之一就是讓人親自去做這些事（行為）。舉個例子，一個原來在一些具有爭議性的議題上持中立的人（如，是否該有死刑、同性戀婚姻、將大麻合法化等），當被指示寫一篇文章或演講（行為），去支持某一方後（如支持死刑、反對同性戀婚姻、反對大麻合法化），往往就會改變其原來中立的想法，而偏向自己在文章或演講中所被指定支持的一方。

要中斷或改變循環，除了改善健康或外在情況外（很多時候改善程度有限），最好的方式是從想法和行為著手，也就是認知行為心理治療法（Cognitive Behavioral Therapy）。若是惡性循環持續不斷，負面情緒將會越來越頻繁、持久，造成了像個性有改變的假象。要改變一個人的想法，並非易事，不只是告訴人該如何如何想就可以了，許多人的想法是根深蒂固，非一天形成的，也不可能在短期內去改變，這是臨床心理學專業的一部分。因此，千萬別一味的嘗試去改變

周圍人的想法，特別是你認為心理上需要幫助的人，這反倒會使他們的感受及情況都更糟，最好是尋求專業人員的幫助。

　　再者，一個人在情緒不好的時候，對周圍任何不順心的人、事、物，容忍程度也相對降低。因此，其本來的個性，會不被約束地表達出來。平常用在約束自己某些行為的精力，已被負面情緒所耗盡。人的心情，像是銀行帳戶，順心的時候，好比往裡面存錢；不順心時，就是提款的時候。在發生一連串讓人不高興的事件後，心理資源（存款）乾枯，也就比較不能忍受平時可以接受的事了。在婚姻輔導時，就常看到類似情況，平常另一半嘮叨，或許還能容忍，不回嘴。但當壓力大，工作不順，心情惡劣的時候，只要另一半稍多說一句話，就可能引起一場戰爭！同樣的，年紀大後，各方面都在適應，如果健康情形不如以前，或正急速退化，心情當然欠佳，容易造成易怒、難以滿足與不好相處等現象。這並不表示一個人的個性變了，而是他的心理資源帳戶已被掏空，所剩無幾了。

自主力與控制權

　　能夠預測與控制周遭的環境，是人的基本需求之一。這項需求，顯然對人非常重要，導致讓我們常對一些在控制之外的事件，感到有控制權的假象。想想，人為什麼會迷信？迷信在不同的文化與國家中都存在，像是打破碗盤，特別是在過年時，是不好的徵兆。但這「不好」的事情，到底是什麼？未知的事件難以捉摸，顯然在我們控制之外，因此在心理上會造成不安的感覺。認定碗盤打破會造成或預警不好的事將發生，是人渴望掌握控制權的現象，希望有些指標，可以幫助我們預期未來。若果真能預測未來，壞運則非隨機發生，而是有因有果了。不少人相信打牌前不能看書，否則會輸，或將枕頭豎起來會贏，也是想要掌控無法完全控制的未知數。當然，若僅是預期，卻無法改變未來時，我們又變得很無助了，因此才發展出類似「歲歲（碎碎）平安」的話，希望能扭轉壞運的到來。這些，都是人們迫切需要掌控外在環境的現象。

　　有多少人相信他們具有預測股票市場的能力？有多少經

常操作股票的人，有他們自己的迷信？我有個同事是經濟學的老教授，也是紐約洋基棒球隊的忠實球迷，但是，在棒球季節，他從來不去現場或在電視上看實況轉播的球賽，因為他堅信，只要他看球賽，洋基隊一定會輸！在他理性思想與非理性行為之間，存在的是掌控環境的需求——相信他的行為能左右洋基隊的勝負。研究顯示，一般人若在實驗室的電腦上閱讀一連串隨機（沒有關聯也無特定模式）的數字後，都會表示能夠預測銀幕上即將顯示的下一個數字，但這完全是心理上的需求與假像，不過人需要這樣的感覺，才能安穩度過每一天。

老化現象之一，是對周遭的事物，包括自己的身體，越來越無法控制，常常是心有餘而力不足。以前可以的，現在怎麼都不行了呢？以前跑兩步就能趕上車，如今眼看著公車開走卻跑不快；以前總能過目不忘，現在上午才講過的事，下午就毫無印象。這種失去控制所造成的無助及恐懼感，沒有經歷過的人很難去體會，有一項研究將老人院裡的人分兩半，一半由他們任選一種植物，置放於自己房內，並負責澆

水照料；另一半則由看護代為挑選一種植物，放在老人房內，也由看護代為澆水照料。研究結果顯示，由自己挑選及照料植物的老人，不但比另一半的老人較少生病，死亡率也是他們的一半。

■ 照顧長者的注意事項

照顧老人，千萬不可忽視幫助老年人保有一塊屬於他們自己的天地。哪怕這塊地方，只是房間衣櫃角落裡的一個小盒子，或許這盒子裡裝的，是別人認為可笑的東西：用斷了的口紅、亂七八糟的針線、當年長官表揚的勳章、已經不走了的老手錶……當外面的世界變得陌生又不可預測的時候，有些老年人會想要退縮，再退縮，去找尋一塊有安全感的角落，一個自己可以控制的地方。

當鼓勵老年人外出活動的同時，也該留給他們應有的隱私權，讓他們覺得有屬於自己的地方。在這地方，不需要對任何人交代，也有完全的自主及控制權。若是能在生活中，找出一些老年人可以勝任的事，如照顧植物、短時間看顧小孩等，由他們去負責完成，會讓他們有責任感和成就感。但要小心，多方溝通，以免造成老年人不必要的壓力，使情況更糟。

越用越靈光的腦力

　　「人」之所以能稱自己為萬物之靈，得感謝我們大腦的結構，讓我們有思想和思考的能力，可以預期和計劃未來。成人的腦，重量約一‧五公斤，體積約二〇〇〇立方公分，在這麼小的體積內，裝有大約 一千億個腦細胞，而每個腦細胞平均會與其他腦細胞約有一千至一萬個接觸點。每當我們有一個新的想法、創意，或學到新東西的時候，代表大腦中原來沒有相連的細胞之間，建立了新的連線。大腦需要持續大量的氧氣與糖，才能生存及正常運作，所以心臟所輸出的血液及氧氣，還有身體吸取的養分，有二〇％是直接送往腦部供其需求，這個占人體積約二‧五％的器官，卻需要使用二〇％的能量。

　　老化過程中，大腦功能和思考能力都會逐漸減退。思考（認知）功能障礙（cognitive impairment），是許多心理學家研究的課題，認知功能障礙，是一廣泛用詞，形容認知功能

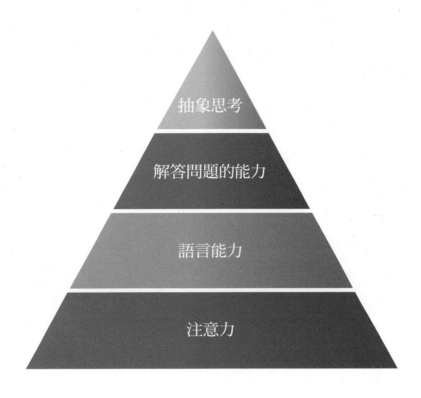

抽象思考

解答問題的能力

語言能力

注意力

減退。認知功能，一般可分為圖中顯示的四個階層。如果注意力或語言能力等基層功能有障礙，則以上功能都會受到影響。一般來說，高層功能，如策劃能力或解決問題的能力，最容易被疾病或藥物所影響。

　　認知功能障礙，到底是正常老化的一部分嗎？答案是

「是」，同時卻也是「不是」。老化程度與認知障礙確實成正比，老化越厲害，認知障礙也越嚴重，所以是老化的一部分。之所以不是，乃因與正常老化有關的認知障礙，幾乎從不影響到日常作息。研究顯示，從二十五到四十五歲左右，平均認知功能指標有增加趨勢，到六十歲以後才逐漸減低，最明顯的下降是在八十一歲以後。而注意力及語言能力，在正常情況下，等到年紀很大都還不會退化；語言方面，到八十歲後才逐漸會有一些詞不達意的跡象出現。在記憶力與解決複雜問題（complex problem solving）的能力方面，老化對其影響較為顯著，年輕人比五十歲以上的人表現要好，上了七十歲，開始有明顯下降趨勢。

　　值得一提的，是一個人所熟悉的領域，在邁入老年後，相較於其他範圍，受到的影響可能非常輕微。熟練的技巧或動作，如打字、打牌或下棋等，在其他認知功能都退步時，原來在這方面是高手的人，似乎仍能繼續保持他們卓越的表現。專家認為，這可能是人在累積經驗後，發展出其他補償認知功能減退的方式，類似反射動作，不用想就會做。但

這並不表示他們在其他方面還能保持好的表現，一個象棋高手，可能在其他認知功能逐漸減退時，還繼續在下棋時無人能敵。

非老化的認知功能障礙

當認知功能障礙到了影響日常作息的程度時，就不是正常老化現象。造成此種程度障礙的原因大致包括以下四種：

譫妄（Delirium）

在沒有失智症前科或失智症的情況下，意識突然模糊不清，思維有所改變，可能在一天當中，症狀有時好時壞的現象。譫妄與失智症的症狀相似，但是發作時間很快，通常在幾小時或幾天之內，不像失智症是逐漸轉變的。身體狀況，如發炎、心臟疾病、中風、藥物副作用，甚至缺水至脫水等都有可能造成譫妄，因此，老年人得譫妄的機率比年輕人來得大。

在老年人中，藥物副作用是第一個應該考慮的可能性，

隨著年齡增長，我們身體的代謝過程也跟著轉變，同樣的藥，吸收及排出身體的過程與速度，在小孩、成人，與老年人身上都有所不同，任何藥物在老年人身上都有可能產生不同的副作用。

失智症（Dementia）

失智症是對認知能力最具破壞力的疾病，一旦有失智症，認知能力會持續下降而不可挽回，以至於干擾到正常社交、工作，以及日常生活作息的能力。失智症會影響到前面提到的基本認知功能，如記憶力和語言能力等。失智症患者通常對自己認知功能的轉變有所自覺，但會低估其程度，大部分時候，是由家人先發覺症狀才就醫。調查顯示，在得失智症之前，表示希望如果真得了失智症，想被告之實情的老年人，在得失智症後，反而是比較不能接受診斷結果的。

我們一般建議，在診斷確認後，應告知病患實情。可能造成失智症的因素，多達五十種以上，但大部分都與腦神經起變化有關，先前提過的阿茲海默症就占所有失智症六○到

八〇％左右。

輕度認知功能障礙（Mild Cognitive Impairment, MCI）

　　這是過去十多年才逐漸受重視，而自創一格的類別。當病人沒有足夠條件被診斷為失智症，卻又顯示比正常老化嚴重的認知障礙時，目前被歸為輕度認知障礙。

　　並非所有輕度認知障礙患者，最終都會導致失智症。到底該不該將此診斷告知病患及家屬呢？調查顯示，大部分的老年人是希望自己或親人知道的。大多數的人也願意接受篩選，雖然許多人會因有人建議篩選而感氣憤，甚至反抗。也有些研究人員，反對使用這項診斷標籤，或不告知病人及家屬這項診斷。畢竟，患有輕度認知功能障礙，並不表示症狀會進展至失智症，或其他疾病，而告知病人及家屬這項診斷後，除了可能讓病人失去希望，產生各方面的心理作用使症狀惡化外，若用藥物控制，更可能在老年人已經很難管理的多項用藥生活中，增加不必要的藥物。

憂鬱症

以前討論過,憂鬱症的症狀,有些與認知功能減退相似,甚至相同,憂鬱症也有可能與失智症同時並存,大約三〇%的失智症患者同時也有憂鬱症。到底病人得的是憂鬱症?失智症?還是兩者皆是?在經過詳細檢查後,診斷仍然還是一項挑戰。我個人的經驗是,只有當病人在接受憂鬱症治療痊癒後,認知功能也隨之恢復,才判斷可能是憂鬱症,而非認知功能障礙相關疾病。

■ 照顧長者的注意事項

1. 運動健身

　　在維護認知功能的研究中，有許多的結果不是完全一致，例如以下的腦部訓練，或是先前討論過的社會支持，有些研究顯示對認知有直接的幫助，有些則顯示沒有作用，也有些發現兩者之間沒有特定關係。但是，研究中最一致顯示與認知功能成正比的，是運動與健身，特別是有氧運動，會增加腦部的血流量，這是目前研究結果，顯示為最有效維持認知功能的方式。

2. 腦部訓練

　　有些研究顯示訓練思考能力和技巧，如記憶力、組織能力等，可能有助維護認知功能。但訓練功效似乎只局限於被訓練的課題：如訓練字彙記憶，只會有效維持字彙記憶，並不會延伸到其他認知功能。

3. 流行的保養品不一定有用

　　如銀杏，目前尚無實驗可以證實對失智症或認知功能，有任何影響。

轉壓力為動力

　　凱莉今年二十歲，是紐約一所知名私立大學心理系的學生，一年近六萬美金的學費，非人人都能負擔得起。她的父親為華爾街小有名氣的律師，母親是某銀行的高級主管，而姐姐去年才從哈佛大學畢業。

　　一天傍晚，凱莉來到我的辦公室，理直氣壯地問我為什麼給她所交的一份報告成績為「C」，並且告訴我她從沒拿過如此低的分數。我先告訴她，成績並非我「給」的，而是學生們自己賺的，之後我逐一耐心解釋，每一項她被扣分的理由。

　　聽完後，她仍感氣憤不平地說：「但是，我很努力，花了很多時間在這篇報告上！」

　　我也接著說：「努力並不一定保證成果。報告要有好成績，必須達到一定的標準，而這標準不會因人而異。」

　　可是凱莉仍憤憤不平地說：「只要努力，就應該得

Ａ！」

美國的教育系統，有頗嚴重的成績通貨膨脹現象（grade inflation），大家都想拿Ａ，得到Ｂ就不高興，得Ｃ就更不得了。我總是不厭其煩一再跟學生解釋，Ｃ（aveage）是普通，普通的定義為平均大多數；Ｂ（above average）是較一般好，Ａ（excellent）是超級好。如果每個學生都是超級好，那麼這超級，是跟哪一級比才算超過很多級的好呢？就好比大專聯考，如果每個人都考滿分，大學就不知要如何篩選，無法分辨學生程度的好壞。學生們常認為很多事都是應該的：父母的養育是應該的，伸手拿錢是應該的，得Ａ是應該的，努力該得Ａ更是應該的！

我反問凱莉：「如果你身體必須開刀，你是要一個很努力，很努力，但開一個死一個的醫生執刀，還是要一個不知道努力不努力，但是成功率一〇〇％的醫生執刀？」

理想世界中，努力就該成功，但現實生活中，要有成果才算是成功。學生的成績，應該反映他們的表現，大部分時候，努力程度與表現，也是成正比的。

我鼓勵凱莉，不要一味地自己埋頭努力，可以和我約時間，多討論，多發問，甚至在交報告前可以先給我看看，但是她卻無法接受在這一篇報告上的失敗（事實上我個人是不會把C歸為失敗）。凱莉在父母的嚴厲要求，以及姊姊卓越成績的陰影下，無法承受因一篇報告成績不如願所造成的壓力，她決定放棄這門課，甚至考慮要轉系。

　　但另一位同學，蕭敏在期中考考卷發回後來找我，告訴我她很失望，因為這次期中考沒考好。同時，也告訴了我她生活中的一些挑戰。

　　她今年二十七歲，兩年前從西非的加納來到美國。身為單親媽媽，每天在工作和孩子間忙碌，只好把念完大學的願望暫時放下。好不容易今年她的父母終於也搬來了美國，可以在生活中幫忙很多，她便一刻也不耽擱，馬上申請註冊，來到紐約市立大學上課。

　　紐約市立大學有許多分校，各有所長，重點是為紐約市居民，特別是弱勢群體提供大學教育，如貧窮家庭、家族第一代上大學的人，或新移民。像蕭敏的學費，係由紐約市政

府全額補助，但上個月，她卻被工作了兩年的公司遣散了，目前除了忙於學校和家庭外，還得加緊找工作。聽了她的處境後，我深感同情，反問她，我能為她做什麼？同時我想，總不能因她的遭遇可憐就加分啊！

沒想到蕭敏不加思索地說：「不知道老師是否願意多花些時間，考慮以比較有彈性的方式幫助我學習？因為我白天要找工作，晚上到小孩睡了才可能做自己的事。」我愣了一下，學生願意學習，老師豈有不教的道理？但是，在這麼大的環境壓力下，我問她確定這是好時機嗎？是否考慮先緩一緩，休學一學期，等找到工作後再回來繼續上課？

「不，」她說，「這是我的夢想，壓力越大，我越要想辦法完成。將這些壓力視之為挑戰，才感覺越戰越勇！」

我們決定經由網路和電話，以及傳統面對面的方式，利用雙方都有空的時間，進行討論及問答。學期末時，蕭敏以 A⁻ 的優異成績，將課程全部修畢。

壓力，在這兩位年輕人身上，造成了截然不同的反應。

每一個人都有壓力的經驗。壓力在你身上的反應，又是

什麼呢？

什麼是壓力

　　簡單來說，壓力就是理想與現實之間的距離，在無法達成目標的情況，身體與心理都會感受到壓力。當身體開始有困難適應外在環境的改變時，即產生身體上的壓力，像是當氣溫突然極度轉變，冷到受不了，手邊又沒有衣服可以加；當免疫系統無法招架細菌侵入；或是因運動過度而造成骨折，都是身體上的壓力。

　　心理上的壓力，來自於希望與現實之間的距離，距離越大，越難達到目標，壓力也就越大。越在乎的目標，也造成越大的心理壓力。

　　會造成壓力感的門檻，因人而異，張三搬五公斤會閃到

理想：飛黃騰達
期待：獨立自主
別人對你的期望：
不讓家人和朋友失望

壓力

現狀：畢業兩年了，
　　　還找不到工作

腰，而李四搬十公斤也不會怎樣。就算是同一個人，依身體狀況的不同，所能承受的程度也不一樣，已經感冒了再吹寒風，與健壯時吹寒風，身體的承受度當然不同。但是，造成身體上壓力的成因，畢竟比心理上客觀，五公斤就是五公斤。而心理上的壓力，主要是由個人的認知與思想所決定，如圖中顯示，理想（飛黃騰達，令人驕傲）與現實（長期找不到工作）間的差距，造成心理壓力。而減少壓力的方法，不外乎是找到理想工作， 或重新定目標，改變想法。相較於生理壓力，心理上的壓力，比較在人的控制範圍內。前面所描述的兩個學生，在遇到造成壓力的相同事件時（得到不理想的成績），想法、壓力反應，以及行為都有所不同。這其中，引起不同壓力反應的是一個人的想法，但如先前所提到，改變思想談何容易，壓力管理也是認知行為心理治療方式的實踐範圍之一。

心理壓力與健康

　　心理壓力與健康之間，有著非常直接與密切的關係，壓

力這項複雜的機制，是因人類求生存而發展的。人類早期，在野外生活要面對許多挑戰。當外在環境對人造成威脅時，如有野獸攻擊，心理壓力的形成與其所啟動的一連串壓力反應，會為我們創造最大的存活機率。這一切，是由心理壓力開始，因為在野獸出現的時候，身體上並沒有因野獸的出現而經歷任何改變，是人心理的渴望（生存）與現實（可能被野獸吃掉）間，忽然產生了距離。這段距離，造成了心理壓力，生存下去的渴望越強烈，壓力也就越大。可以想像，對一個不想活的人，面對被野獸吃掉的可能，或許會害怕（因為這可能不是他理想中的死法，所以也會有壓力，只是來源不一樣），但程度不會像其他人一樣。因此，壓力反應的啟動，是由大腦或思想所控制。

　　一旦被啟動，壓力反應會影響身體、心理，與行為。為了要能與野獸決鬥，身體上的壓力反應包括心跳、血壓增加，免疫系統啟動，肝大量釋放脂肪到血液中，血液濃度增加等等。這一連串的動作是瞬間發生，都由大腦下令，經壓力相關的荷爾蒙而達成，目的是增加其存活機會。心跳與血

30 開始 打造亮麗熟年

壓增加，使氧氣更快速送達全身；免疫系統待命，萬一受傷可以抵抗；脂肪就是能量，釋放到血液中，傳達到細胞供給使用；血液濃度增加，以防受傷後流血過多。這時候，所有在打仗時不會用到的系統，都減少到基本維持作業，如人的消化系統。在緊急時刻，大多數的人不會邊吃東西邊逃命，因此血液流量也從消化系統處減低，轉至身體上的主要肌肉，好幫助打勝仗，主要肌肉也緊繃待命。這些都導致當壓力大時，許多人除了感覺頭痛、肌肉緊繃和疼痛之外，也常會感到口渴，以及消化不良、便祕或拉肚子等症狀。

在緊急狀況下，注意力的集中相當重要，一分神，就可能沒命了！比起人在輕鬆自在的時候，思想和態度都沒那麼寬廣及有彈性，可想而之，在壓力大時，人的視野會變窄，所能思考的範圍也轉狹隘。這時，對其他事務容易產生不耐煩、易怒，或心不在焉的情緒反應。長期受壓，可能導致崩潰或引發其他心理相關疾病。

壓力對身體及心理所造成的影響，也間接會影響一個人的行為。精神上的負荷，加上身體上的反應，使得壓力大的

人有累的感覺，因此，很多人在壓力下，只想回家躺在沙發或床上看電視，什麼都不做。但這種累，並不是因身體活動過度而產生的，壓力荷爾蒙所促使各種身體反應的目的，是幫助身體能夠活動，有力氣跑很遠。這時候，如果在感覺累的假象下，反而不去動，對身體只是有害而無益。精神上的損耗，使人覺得可以放縱自己，輕鬆一下，做自己想做的事。研究顯示，平常有抽菸或喝酒習慣的人，在壓力大時，抽菸與喝酒的頻率和份量也都跟著增加。對於已經戒菸的人，壓力甚至可能會讓他們重新開始吸菸。

認識壓力

壓力本身並非有害

壓力是不可避免的。我們周圍的環境和自己本身，都不斷在變；目前的處境，以及想要的東西，也在持續變換中，造成現實與理想之間的距離。當公司裁員、夫妻吵架、要求加薪、結婚、買房子，甚至趕公車，或是遲到時，都有壓力。當我們感覺有希望達到目標時，所經歷的壓力，可能成

為挑戰,讓人有動力,加一下油,就可以達成目標!

上述壓力反應在身體、心理、行為上所造成的波動,短期內不會對健康造成威脅,但是長期下來,為害就非同小可了。我們通常稱三十天以上的持續壓力,為長期壓力(chronic stress)。身體長期處於備戰狀態中,心臟、血管、內分泌、消化、免疫系統,都會開始逐漸瓦解。要知道,壓力本身並非有害,要學習避免持續性的長久壓力,才是最重要的。

壓力的來源與解藥

如果壓力是理想與現實的距離,那麼誰能決定你的理想呢?常聽人說,父母、配偶,或社會給予人壓力:上好學校、找高薪的工作等,不妨先花些時間,去了解自己做任何事的動機和原因。如果上好學校的目的是讓父母高興、驕傲,而父母的高興與驕傲對你來說也很重要,你就選擇了接受父母的理想為你的理想,你就要為這選擇而負責,不該怪壓力是來自他人,而是要面對自己所做的選擇。

日常保健提示

1. 有氧運動

　　壓力反應是為了促進身體活動而演變的（如跑得快或打勝仗）。要減低壓力反應對身體的負面影響，最快又最好的方式，是做有氧運動。若是能夠持續一個月，每星期至少三次，每次至少二十分鐘的有氧運動（心跳加速），大部分的人會感到明顯的差別，覺得輕鬆很多。

2. 將目標分解成一連串的小目標

　　有次外科部門找我諮詢一位七十一歲的男性病患。他因心臟開刀後拒絕與醫護人員合作，對家人更是脾氣暴躁，連消炎藥都開始拒吃。醫生告訴我開刀手術非常順利，而且病患開刀前身體都還健康，所以恢復也應該很快，沒想到會有抗拒治療和復健的情況出現，目前醫護人員都將他列為有敵意的病人（hostile patient）。

我與這位病患及家屬談了幾次，得知他以前是軍官退役，個性很強。他一向充滿活力，做事果斷又有勁，從不輕易放棄，完全沒有預期到自己開完刀後，會變得如此虛弱，連基本的喝水、上廁所，甚至起身，都無法獨力完成。本來還以為很快就可以出院，恢復平常打球，四處走動的日子……總之他沒法接受目前的情況——萬一這就是他的晚年，還得了？

這位老軍官的理想，是馬上恢復到開刀前的狀態，做所有以前能做的事。可是現狀是就連下床都無法獨自完成，因此感覺到壓力很大。討論過後，我們一起擬訂一份「作戰計畫」，將最終目標定為恢復開刀前的狀態，而把起跑點放在現狀，一步一步設定短期與中期目標，從翻身、坐起、自己吃飯、下床、到一天走一圈、兩圈、爬樓梯等，這使得他開始有信心及盼望，可以完成小目標。每達到一項目標，我們還要完成軍中常做的戰後報告（After Action Report, AAR），讓他能有成就感。老先生終於開始願意合

作，很快的，正如醫生所料，他恢復得相當順利。

面對壓力的第一步，是釐清自己要的是什麼？若是可行，將目標分解成近、中、長期，當有助於減低壓力，增加動力。

3. 抽離慣例

因注意力及資源都需要集中，壓力會使人短視，只看到目前的急迫需求，但這是以前為了在野外生存所形成的壓力反應。在現代社會，要解決問題卻可能還需要一些創造力，而壓力大時，人的反應仍然像以前一樣，想一頭栽進問題裏，沒有心情去做別的。這時，就像壓力大會讓身體感覺累，實際上需要的是運動一樣，當執意想要鑽進問題，原地不動時，其實要將自己抽離現況，這些都是要違背你感覺想做的事。試著將自己抽離日常作息，一天、半天、哪怕幾小時也好，將有助於拓寬視野，改變觀點，進而可能會改變想法，解決問題或減低了壓力。

■ 照顧長者的注意事項

　　一個人在老化過程中所要面對的壓力，與一般的生活歷程不太一樣。理想面的改變居少，現實面的變化偏多。對生活的要求可能不變，但能力卻不如從前，因此周邊的人需有極大的同理心與耐心，方能幫助老年人面對並接受身體上的改變。這些改變，許多是在自己的控制以外，便容易產生挫折感，而現實層面上，能夠調整的是僅理想或目標。例如：以前一覺就可以睡到天亮，現在不但晚上睡不著，而且要醒好幾次上廁所。如果有辦法改變作息，可以將晚上去廁所的頻率減低，屆時雖然仍無法像以前一樣，一覺到天亮，或許可以調整、降低期望：從半夜不用起身上廁所，將預期調整到可以接受又實際的範圍內。如此方能減低壓力，增進生活品質。

III. 社會篇

你對老人的印象，不只左右你對周遭老年人表現出的態度與行為，
更會反映出當你老了以後對自己的看法。

照顧自己也要照顧家人

　　第一次見到麗芬，就注意到她的憔悴：有點凌亂的頭髮下是消瘦與蒼白的臉孔，大大的眼睛，如果沒伴著黑眼圈，應該是很亮麗的。才三十二歲的她，就已經雙眼無神了。她是在丈夫的堅持與陪同下來到我診所接受心理評估。

　　麗芬結婚十年後，與丈夫育有三個孩子。在過去三年內，她的父親過世，母親中風，公公因風濕性關節炎行動不便，婆婆罹患癌症。在經歷喪父的悲痛、照顧多位老人，以及養育三個孩子外，家裡同時又不能缺少她所賺的那一份薪資下，麗芬常常搞不清楚自己到底是誰了，是妻子？母親？女兒？媳婦？還是員工？除了扮演好這許多角色外，「照顧者」本身是一個獨特的角色，女兒和媳婦的角色，本不應該包括照顧長者的生活起居或醫療看護，而當這方面所需求的時間和程度越來越多時，她的自我也就相對的越來越縮減了。

在台灣，大約有七〇到八〇％無自顧能力的老年人是由家屬或親友照顧，這個百分比與美國相似。據估計，若欲購買這樣的長期照護，每年花費約是三千零二億美元，相當於全國醫療費用的六％美國國家衛生研究院（National Institute of Health, NIH）之老年醫學研究所（National Institute on Aging）已將照顧者（care giving and care givers）規劃為社會與行為研究的優先課題。因此，我們在社會篇要對照顧者的角色做一些探討。

誰是照顧者？

在老年人的照顧上，通常會有一位主要照顧者，有時家人、親友中也同時會有其他次要照顧者。要勝任主要照顧者，常有一定的優先順序，與性別、輩份和地理環境有關，一般在可能的情況下，配偶是第一線的主要照顧者；再來是女兒最可能成為主要的照顧者，機率是兒子的兩倍；接下來，媳婦是最可能成為老年人的主要照顧者。由此可以看出性別與照顧者間的關係，雖然在美國，兒子們加入主要照顧

者行列的人數，在一九八四到一九九四年間增長了五○％，卻仍只占主要照顧者人數的一五％。而在沒有孩子的情況下，主要照顧者的責任，就落於其他親友；比較沒有其他牽絆或工作責任的親友，會較優先成為主要照顧者。地理環境也是決定主要照顧者的因素之一，與父母或需要照顧的老年人住得越近，越可能成為主要照顧者；不過，住得較遠的家人，通常會在經濟與策略上擔任次要照顧者的角色。

照顧者的工作

每位照顧者不只在所需要做的事上會有所不同，在做事的方式、態度，以及持久性，也都會不一樣。通常，與被照顧者的關係越近，主要照顧者所做的會越多、越廣，也越持久。因此，配偶會比孩子做得多，孩子會比兄弟姊妹做得多，其次才是姪女、外甥、孫子等。

除了與被照顧者的關係外，性別也與照顧者所做的工作有關。在配偶方面，妻子花在照顧丈夫的時數較長，也較不會接受或使用職業看護的服務，而丈夫在照顧上比較著重於

妻子身體與實際上的需要；妻子則較常注意丈夫的情緒需求，以及維護丈夫的身分與尊嚴。在子女方面，當父母幾乎完全無法自顧時，女兒比兒子照顧父母的時數要長，照顧項目更多，也較持久；此外，女兒常會運用自己的家庭資源，包括自己的丈夫和孩子來照顧父母；而兒子則不然，往往是運用其他兄弟姐妹或親戚的幫助為資源。

照顧者所受到的負面影響

時間的損失

對照顧者而言，最直接與最迅速的影響就是時間上的損失。照顧者少了平時屬於自己可運用的時間，以至於必須減少個人的活動。研究顯示，時間上的損失是引發照顧者憂鬱症的主要因素。當照顧的時間越來越長時，更會與照顧者生活中的原本其他需求產生衝突，如工作、自己的家庭和朋友等。

與被照顧者間的關係轉變

人的互動是來自於雙方對彼此關係的貢獻與共同經營。

照顧者之所以會擔起照顧者的角色，通常是因為他與被照顧者之間的關係，在各方面都比別人來得深厚或親密。但當被照顧者的身心健康日漸消逝時，也逐漸失去經營關係的能力，無法像往常一般的與他人互動。因此，照顧者在照顧對方起居的種種工作外，還要面對漸漸失去家人的壓力與悲傷。

身體健康受影響

許多研究結果一再顯示，成為照顧者對身體健康的負面影響。基於主觀的壓力與客觀環境的各樣需求，照顧者要面對的不只是做不完的事，也有精神上的壓力，先前提到過壓力對身體健康的影響，在此也不例外。根據研究顯示，照顧者較非照顧者的免疫系統弱、傷口不易癒合，也較容易得高血壓及其他心臟相關疾病。

心理健康受影響

因照顧人所引起的種種壓力，與被照顧者的健康狀況成反比，被照顧者的健康越差，需求就會越多，照顧人的壓力

當然也就越大。總體而言，照顧者較容易患有憂鬱症與焦慮症，服用心理相關疾病的藥物也較非照顧者多。

照顧者所受到的正面影響

近年來許多研究結果顯示，負擔、壓力與自我的流失，是在擔負照顧家人角色過程中很難避免的經歷，但是這經歷卻可以有許多正面情緒共存。許多照顧者指出，在照顧家人中經常感到相當程度的滿足，有成就感，覺得所做的事很有意義，以及滿懷感恩；有些人更認為自己因這段經歷而成長。雖然這些正面的意義，有時會被負面影響所抵銷，但多項案例顯示出在扮演這具有挑戰性角色時，確實是有令人滿足與欣慰的地方。

日常保健提示

　　因長期花時間在照顧家人，照顧者經常缺乏資源好好照顧自己。相關的研究指出一些對照顧者有所幫助及支持的方式：

1. 喘息服務

　　指的是任何以幫助照顧者暫時休息為目的的服務。這包括來自親友的非正式協助，以及職業或機構型的看護服務。台灣行政院衛生署在民國九十九年，配合長期照顧十年計畫，推出喘息服務方案，對照顧者給予支持及補助，請見本篇末的表格。

2. 照顧者的教育與訓練

　　有系統教育照顧者，幫助預期可能面臨的挑戰，以及給予相關的訓練，如壓力管理和自我認知等，有助於照顧者適應、擔負起這角色的過程，減輕照顧人對自己的負面影響。

3. 輔導

這主要是屬於個人的支持方式，以個案背景及目前情況而定。輔導方式可經由個人、家庭，或是小組的方式執行。

4. 支持團體

支持團體通常是以小組方式，讓照顧者有機會聚集，彼此分享與討論經驗。可由照顧者自己組成，也可由職業社工、輔導或心理師帶領。

請善待老年人

　　在開往報案地點途中的救護車上，顯示救護者的資料為：女性患者，精神不穩定（emotionally disturbed person，EDP），有精神病史，目前沒有遵照醫生指示吃藥。救護人員若要前往精神不穩定的病患處，如同至犯罪現場一樣，規定是警察必須先到場，確認安全無虞後，我們方可進入。

　　救護車停在唐人街一棟公寓前。我們從黑暗電梯中出來，閃爍不定的日光燈下，看見走廊盡頭，已經有警察站在最後一戶的門外。門口放了一張面向牆壁的椅子，像是老師懲罰學生用的，坐在椅子上是個瘦弱的老婦人。老婦人的女兒以流利的英文，氣憤地跟我們說：「告訴你，我媽有精神分裂症，醫生開的藥不吃，你看，現在又發病了！她一個人在房裡會自言自語。我家有個不到一歲的嬰兒，這樣很不安全。你們還是趕快帶她去醫院，給她看醫生，吃藥吧！」

　　滿臉困惑的警察，搖搖頭問：「母親發病，你解決的方

式就是把她關在門外？萬一她跑出去，搞丟了，或發生什麼危險怎麼辦？」

女兒理直氣壯地回答：「我不是告訴你了嗎？我有嬰兒在家。我媽在房間裡對著空氣講話，嚇死人了！我都用手機錄下來了，有證據的！」

我不禁納悶，怎麼想到要在自己的母親身上搜證？

我們決定將老婦人帶往醫院作進一步評估。老婦人什麼都沒拿，只穿了雙拖鞋就跟著我們上救護車。離開前警察還不放心地問她女兒：「你們一個都不跟來嗎？」

女兒說：「我有小孩在家，你們帶她去看看，給她吃點藥什麼的，讓大家都好休息。」雖然當時還有她的弟弟和男友都在旁。

老太太不會講英文。在救護車上我幫她量血壓時問她：「你講中文嗎？」

老太太眼睛忽然亮了起來，帶著廣東口音的國語說：「你會說中文啊？」

「是啊，老太太，你的血壓蠻高的，平常有吃高血壓的

藥嗎？」

「有，有的。平常都在吃飯時吃。今天晚了一點，所以還沒有吃。」

看看手錶，已是晚上十一點半了。

「你上次吃飯是什麼時候？」我問。

「嗯，大概早上吧……」老太太回答。

「你都吃了些什麼？」

「兩個白煮蛋。」

我看著老太太，總覺得整件事怪怪的，有什麼不對勁的地方。

老太太姓張，所以我叫她：「張媽媽，今天晚上你怎麼一個人坐門外啊？」

老太太眼睛看著地上，聲音忽然轉小說：「沒有啦，女兒煩小孩，脾氣有時候不好，就吵架嘛……」

「喔……所以你們今天吵架了？結果誰贏了？輸的人除了被罰坐在門外，還要做什麼？不能吃飯？」我半開玩笑，試探性地說。

沒想到老太太突然驚慌失措地說：「你可不要怪我女兒，千萬不能怪她！年輕人很忙，事情又多嘛，沒事的，真的沒事。她每次事後都很後悔。」

　　「張媽媽，不要緊張，我不是警察。我是醫護人員。你女兒說你今天在房間自言自語，有這麼回事嗎？」

　　老太太鬆了一口氣，「有啊……」

　　「嗯……都講了些什麼，你記得嗎？」

　　「我想找些以前的照片，怎麼都找不到呀，所以就告訴我自己，老了啊，不重用啦，什麼都找不到囉……」

　　「就講這些啊？」

　　「對啊，不然還講什麼？」

　　我跟老太太談了一會，雖然在車上時間不多，卻有些懷疑她到底是否患有精神分裂症？

　　抵達醫院，將老太太交到醫護人員的手中後，照理我們的任務就結束了。然而看到她茫然的眼神，實在讓我很難轉身就離開。紐約市的精神科急診，一向擠得水洩不通，若不是很嚴重的狀況，一般很快就會讓他們辦出院手續。穿了雙

拖鞋的老太太出了院要怎麼回家？沒有錢，沒有手機，又不會英文。

我回頭又走到老太太面前蹲下來，她就不用抬起頭看我。

「張媽媽，你等會兒怎麼回家？」

她愣著，張開嘴巴，卻答不出來：「我⋯⋯」

我回到救護車上，向緊急派遣中心申請讓我多停留在醫院久些時候。我們在接到派遣中心分配任務後的每一分鐘，都會顯示在電腦紀錄裏：幾分鐘抵達現場、與病人在一起多久、開了幾英哩、幾分鐘到醫院，以及在醫院待多久等。醫院裡沒有會講中文的精神科或心理醫生，雖然當時我穿的是急救中心值班人員的制服，但那位精神科醫生居然剛好認識我，知道我是心理醫生，約略跟我談了一會兒，徵詢我一些意見。等我幫老太太做好安排，仍然決定將此案報上紐約州社會服務局的成人保護服務中心（Adult Protective Services）。根據紐約州法律規定，向成人保護中心報案，不需要證據，只要有懷疑，就足夠形成報案的條件。

受虐老人的統計數字，一向被研究人員認為偏低。有太多老人，被虐待卻不為人知，甚至就連虐待者可能本身都不自知自己行為對對方的傷害，在後面「照顧長者的注意事項」有更明確的建議。

　　怎樣才算是虐待老人？像上述唐人街的老太太，她是一位受害者嗎？

老人受虐的定義

　　受虐老人（elder abuse）的統計數字，一向被研究人員認為偏低。有太多老人，被虐待卻不為人知。在美國，不同的調查顯示大約3％──10％ 的老年人，有被虐的事件發生。這些調查顯示，美國每年至少有兩百萬老人被虐待。到底，什麼狀況才被評定是受到虐待？

　　受虐的定義，因機構單位不同，可能有所差異或以不同的形式顯現，但大致可分六大項：

　　1.身體虐待（physical abuse）──使用身體暴力，導致老年人疼痛或不便，不一定要造成身體上的傷害。例如對老人

掐、拍、打，或以物件丟向對方等，皆構成身體虐待。

2.性侵犯（sexual abuse）──任何未經老年人許可，在性方面的接觸。

3.精神虐待（emotional or psychological abuse）──使用語言或態度，以致造成老年人精神或心理上的痛苦或壓力，如威脅、辱罵、屈辱或是騷擾。

4.經濟或物質利用──非法占有或使用老年人的錢財、資產，或其它屬於老年人擁有的物品等。

5.忽視──負責照顧老年人者，無意間或是刻意不給老年人基本生活需求，如食物、藥品、清潔，及與其他人接觸的機會等。

6.分居──讓老人獨自居住，若其不能或不願照顧自己，即到有害健康或安全的地步。

請即時幫助受虐老人

被虐待的老人，比其他老年人的死亡率要高。虐待，無論發生在任何人身上，大都不會有明顯症狀。被傷害到肉

眼能看見的地步，是所有虐待案件中極少的部分。受虐的老年人，頂多顯示出膽小、內向、憂鬱、落落寡歡等現象。因此，有效發現並矯正，與預防老年虐待，除了需要廣泛教育，以及訓練與老年人有關機構（如醫院、診所、老人院等）的相關人員之外，更有賴於公共政策的建立與實施。法律規定相關人員在懷疑有虐待老人的情況下，有責任報案，如此一來，及時幫助受虐者的可能性將升高許多。

紐約州政府在過去十多年來，一直是朝這方面努力。經由學術界，州政府，以及非營利機構相互之間的合作，希望能在2015年完成一套政策系統，有效面臨即將到來的老化社會所帶來的種種挑戰（Project 2015）。我深信，無論在台灣、美國，或是其他任何地方，只要是有心就能有所作為。

照顧長者的注意事項

1.了解互動的不平衡

虐待，所發生的對象通常是弱勢的一方，好比小孩，因為沒有獨立自主的能力，要依賴照顧他們的成人，因此成人就是強勢的一方，有虐待兒童的能力；還有被虐待的配偶，也通常是弱勢的一方，大部分是在情感或物質上無法獨立的女性，要倚靠強勢的另一半。同樣的，年紀大的人，因為逐漸失去生活上的資源，如健康、自主能力、金錢或賺錢能力，以及認知功能等，這些都使年長者不得不成為弱勢的因素。試想，健康、有錢、獨立或腦筋靈敏的老年人，是不是比較不會成為弱勢，不會成為被虐待的對象？我們要特別注意周圍資源程度低、可能成為弱勢的老年人們，幫助他們維持、建立資源，有助於減低他們成為受虐者的可能性。

2. 長期照顧年長者，需謹慎防範虐待行為

先前討論過，許多老人家對生活改變的情緒、壓力，以及心理反應，可能造成他們越來越難相處的現象。這時候，雖然照顧者心裡願意，但自己往往因壓力倍增，耐性也被磨盡，常常會做出想像不到的事，就連你、我，其實都可能有虐待老人的行為。有虐待行為的人，大多數都會告訴你，他其實很在意被虐待的對象，也對自己的行為充滿悔意。建議長期負責照顧年長家人的人，需要經常觀察自己的情緒、壓力程度與行為表現。虐待行為通常是漸進的：一開始講話大聲，接下來講話內容有攻擊性；一開始拍桌子，接下來丟東西等。長期照顧年長者不是容易的事，要注意自己的情緒反應與行為轉變，知道什麼時候應該對外求助，才可以避免陷入難以自拔的情景。

老人，是什麼樣子？

歧｜視｜老｜人｜與｜否｜的｜小｜測｜驗

拿一隻筆，把你能想到關於老人的形容詞都寫下來。看看，你都
聯想到些什麼？

測│驗│結│果

你所寫下的形容詞，大都是正面還是負面的？慈祥、有智慧、經驗豐富、有歷練等，為正面形容詞範例。虛弱、可憐、沒用、反應慢等，為負面形容詞範例。這些，正是你對老年人的典型印象。如果大部分形容詞是負面的，則歧視老人的傾向居高。

人生七十才開始

和朋友相約到紐約一家高級餐廳。美麗大方的帶位小姐，引領我們到窗邊的一桌，可以欣賞外面景致。不久，一位面帶笑容穿著整齊的侍者，站在桌前自我介紹後，為我們介紹今天的特別菜餚。一頭銀髮、滿臉皺紋的他，對於餐廳所有的餐點都一清二楚，對配菜飲用的酒，更是知識淵博。這位看似年長的侍者，不管言語或舉止，都相當專業。

點完菜，坐在一旁的友人，把頭靠近我，輕聲地說：「他太老，該退休了！」

你會如何評估這位年長的侍者呢？美國平等就業機會委員會（Equal Employment Opportunity Commission, EEOC）每年接獲兩萬多在工作上歧視老年人的案件。按美國就業法規定，如果一個人能夠勝任他工作性質所要求的表現，則不能因年齡因素而強迫其退休或解雇。

2010年2月25日那天，Dr. Walter Watson慶祝了他100歲

生日。現在他不但還看病人，且持續接受新的病人，更是擔任大學附屬醫院，婦產科的主任。在他60多年行醫生涯中，接生了大約一萬八千個嬰兒。目前他是美國最年長的執業醫生。在專訪中，Dr. Watson談到他未來仍會繼續執業，而且在各方面的感覺，比30歲時還要好很多！

然而，今天跟一位快三十歲的中國醫生聊天，當談到他的老師時，他說：「老師真的很老也不做事了，是可以享清福了。」詢問後，方知他老師今年不過才「四十好幾呢！」

我不知道他的老師是真的退休了，還是在中國社會裡一般人都認為四十好幾是很老了，而「老」就代表了不能做事？

你認為你老了嗎？你想別人會覺得你老了？人生到底是七十才開始？還是人生七十古來稀？我們的社會文化對老人的定義與看法，會決定我們對自己的信心、期望與想法。研究顯示，對老化過程有正面想法的人（我還是可以有活力，做許多事），比負面想法的人（我老了，沒有用了），壽命可能較長七到八年。

任何歧視，都會對被歧視的人造成各方面的負面影響。人在一生當中，需要同時扮演許多不同的角色：孩子、父母、兄弟姊妹、朋友、學生、員工或主管等，而每一個角色，都有屬於它的「典型印象」（stereotype）：嚴父、慈母、模範員工或權威老闆的樣子。除此之外，我們還有著屬於個人的特質：高、矮、胖、瘦、美、醜以及膚色，更有其他獨特的嗜好：喜歡搖滾樂是什麼樣的人？愛打高爾夫球的又是怎樣的人？吃素是屬於某種宗教的？

　　在美國，很多時候有人一看到我，甚至只看到我的姓，就知道我是東方人，結果便會認為我的數學一定很好也會彈樂器。還有人看到我會問的第一句話是：「你會講英文嗎？」被問多了，我常回問：「我會！你會不會？」其實任何基於這些屬於個人特質所作的評估或判斷，都可能成為歧視。無論是典型印象或歧視，都會對人造成許多負面影響。例如，許多社會對女生的典型印象是：數學、理工方面沒有男生強。研究顯示，女生在做數學測驗前，若被提醒有這樣的典型印象，比沒有被提醒時的分數顯著降低。這與當事人

本身信不信這典型印象無關。只要相信社會上一般人都有此刻板印象，就足夠以影響一個人的表現。多數人不知道，歧視或典型印象，不需要表現的很明顯，就會有不可忽視的影響力。研究同時也顯示，被歧視對象的壓力反應，也比沒被歧視的人更為頻繁、程度也更大。

對於老人的刻板印象與歧視，事實上與其他類型的歧視是相似的，近年來統稱（ageism）。你認為老人應該是什麼樣子呢？你對老人的印象，不只左右你對周遭老年人表現出的態度與行為，影響他們的健康與生活品質，更會反映出當你老了以後對自己的看法。心理研究發現，一般無論是老人或年輕人，在進入實驗室後，一旦閱讀了有關老年人的文章，或看到有關老年人的照片，連走路的速度都會變得較慢！這就是由於有關老年人的刻板印象——老人行動緩慢所造成的，而這只是許多老人典型印象中的一種而已。

老年歧視已滲透社會各角落，甚至醫療體系也不例外。近年來許多調查顯示，醫療人員常因對老年人所持有的典型印象，而左右對他們的醫療決定。例如，許多醫療人員認為

老年人不太會改變，也不再能學習，所以就不像對年輕病人一般，清楚解釋及教導他們治療及保健方式。

　　如果社會中沒有這般對老年人的成見，或許也不致於如此了。時代的巨輪不斷的在向前滾動，科技、醫療也都不斷在創新進步，相信一些對老年人老化過程的典型印象也在轉變中。老，不再是什麼都不能做的代名詞，也不代表是無奈、疾病或沒有活力的一群。深切期盼我們的社會，對老年人的印象也逐漸轉型——人，可以活得有尊嚴、有價值、有活力，老得健康又快樂！

家，在哪裡？

　　博紋在父親過世不久後，把83歲的老母親接來一起住。彼此的生活習慣、日常作息與環境的適應等細節，都得重新安排與妥協。

　　母親與博紋夫婦住在鄉下，四周並無其他房舍。大房子裡感覺空蕩蕩的，有時靜得連跟針掉在地上都聽得見，母親因而覺得非常寂寞。博紋與丈夫雖然已努力配合改變了作息，晚上一定會有人在家陪媽媽。一個月中也有幾天由其他家人來接媽媽出去用餐和散心，但媽媽年紀越大，各方面的需求也越多，加上長時期持續的照顧和看護，讓博紋夫婦真有喘不過氣來的感覺。可是在內心裡他們又認為這是該盡的義務，自覺是何其有幸可以照顧母親的晚年。

　　常聽人說：美國是孩子的天堂，中年人的戰場，老年人的墳場。

　　但根據調查，在美國有75％-80％的老年人是由家人自己

照顧。像博紋夫婦這樣（照顧75歲以上年長者）的人，大約有近兩千萬。這是不算小的比例，顯示在美國，並非是想像中：一個用輪椅把老父老母推往養老院，從此就可以不管了的社會。

蘇珊今年80歲，一個人住在波士頓郊區，身上裝有心律調節器（pacemaker），日前右腳骨折上了石膏，行動不便。她有一隻重達七公斤的貓（Carrie）又突然生病，得馬上送往醫院。於是她就打了個電話給專門服務該區域的機構（Beacon Hill Village）。蘇珊付了35美元的費用，讓這機構派專人將Carrie裝入寵物籠，帶去看獸醫後再送回來。這機構的宗旨是專門幫助老人們，可以選擇留在自己家中繼續獨立過生活。蘇珊其實是有個女兒，而且住得並不很遠。但她女兒自己身兼兩份工作，還得忙於照顧5歲和9歲的兩個孩子。所以蘇珊拿定主意不讓女兒操心，要獨自承擔照顧自己的責任。

（Beacon Hill Village）這個機構以服務該社區居民為宗旨，凡50歲以上當地居民皆可申請為會員。個人會費每年為

550美金，家庭會員一年則是780美元。服務項目包括每周載送會員買菜、健身、社交，還包括管家服務，如寵物照顧、維修、打掃等。目前美國華盛頓（Washington, DC）、麥迪遜（Madison, WI）、丹佛（Denver, CO）等城市，也都開始成立類似機構。除此之外，一項新興行業近年來開始盛行——銀髮族護理管家。他們通常為受過老年專科訓練的社工或護士，專門幫助老人管理醫療需求，例如是看醫生、吃藥或找尋居家護理。一般花費大約在200-800美元不等。許多住家離父母較遠的子女們，會幫父母選擇這項管理服務，管家也會定時向他們報告其父母的近況。

　　一般常聽到的「養老院」，有許多不同的型態，從小型家庭式到大規模制度化的都有。到底年長者需要照顧時，是應搬到養老院還是該與家人同住呢？

　　事實上，應不應或該不該?這個問題很難有所定論，重要的是尊重其個人意願，與取決於各自的經濟條件。不過，身體的健康以及家人的支持度，也都是考慮的因素。東方人的傳統文化，對住養老院的典型印象是：老來淒涼，子孫不

孝。我們根據社會學的研究，與前面所討論的社會支持面來看，老年人若能與年齡相仿的人保持互動，對身心健康是相當重要的。雖然含飴弄孫也會帶給老人許多喜樂，但保有自己的生活空間、朋友，以及各種不同層面的活動範圍，都是維持正面情緒與健康所不能或缺的因素。

或許老年人的生活圈子會比年輕人的小，但卻比年輕人更能在既有的關係中得到滿足感；老年人也比年輕人會選擇適合自己的朋友及環境，選擇與處得來的人交往，也比較會避免與人正面衝突。因此，在這方面，老年人的人際關係與社交生活品質都會相對提升。

老化或許是不可避免，但老化不是病，而是身體上的一種變化和狀態，同時老化的速度也是可以自己控制的。現在開始，我們每一個人都可以預約一個美好的熟年，只要從今天起養成有益健康的良好習慣，持續不斷，就能延年益壽。

在社會不停在轉變、人口壽命持續增加的今天，身為同一社會成員的我們，應該一起攜手努力，為現在的年長者、將來的自己，以及未來的子孫們，開創出更亮麗的人生。

身體文化 109

30開始——打造亮麗熟年

作　者—陳永儀
編　撰—劉華
主　編—高雷娜
責任編輯—賴佳筠
美術設計—三人制創
執行企劃—林貞嫺
校　對—賴佳筠

發行人—趙政岷
出版者—時報文化出版企業股份有限公司
10803台北市和平西路三段二四〇號四樓
發行專線—(〇二)二三〇六—六八四二
讀者服務專線—〇八〇〇—二三一—七〇五
(〇二)二三〇四—七一〇三
讀者服務傳真—(〇二)二三〇四—六八五八
郵撥—一九三四四七二四時報文化出版公司
信箱—台北郵政七九~九九信箱
時報悅讀網—http://www.readingtimes.com.tw
電子郵件信箱—ctliving@readingtimes.com.tw
法律顧問—理律法律事務所　陳長文律師、李念祖律師
印　刷—鴻嘉印刷有限公司
初版一刷—二〇一二年三月二十三日
初版二刷—二〇一八年七月二十三日
定　價—新台幣二五〇元
(缺頁或破損的書,請寄回更換)

時報文化出版公司成立於一九七五年,
並於一九九九年股票上櫃公開發行,於二〇〇八年脫離中時集團
非屬旺中,以「尊重智慧與創意的文化事業」為信念。

國家圖書館出版品預行編目資料

30開始——打造亮麗人生/ 陳永儀著. -- 初版.
　-- 臺北市:時報文化, 2012.03
　面;　公分. --（身體文化;109）

ISBN 978-957-13-5523-8（平裝）

1.老人學 2.老人養護 3.高齡化社會

544.8　　　　　　　　　　101002538

ISBN　978-957-13-5523-8
Printed in Taiwan